# A viúva imortal

Livros de Millôr Fernandes na Coleção **L&PM** POCKET:

*Hai-Kais*
*Millôr Definitivo – A bíblia do caos*
*Poemas*
*O livro vermelho dos pensamentos de Millôr*

**Teatro**

*Um elefante no caos*
*Flávia, cabeça, tronco e membros*
*O homem do princípio ao fim*
*Kaos*
*Liberdade, liberdade* (com Flávio Rangel)

**Traduções e adaptações teatrais**

*As alegres matronas de Windsor* (Shakespeare)
*A Celestina* (Fernando de Rojas)
*Don Juan, o convidado de pedra* (Molière)
*As eruditas* (Molière)
*Fedra* (Racine)
*Hamlet* (Shakespeare)
*O jardim das cerejeiras* seguido de *Tio Vânia* (Tchékhov)
*Lisístrata* (Aristófanes)
*A megera domada* (Shakespeare)
*Pigmaleão* (Bernard Shaw)
*O rei Lear* (Shakespeare)

MILLÔR FERNANDES

# A viúva imortal

Peça em um ato
(Sobre uma idéia de Petrônio)

www.lpm.com.br
L&PM POCKET

Coleção **L&PM** Pocket, vol. 779

Primeira edição na Coleção **L&PM** POCKET: junho de 2009

*Capa*: L&PM Editores
*Revisão*: Patrícia Rocha
*Preparação*: Patrícia Yurgel

CIP-Brasil. Catalogação-na-Fonte
Sindicato Nacional dos Editores de Livros, RJ

F41v

Fernandes, Millôr, 1924-
A viúva imortal: peça em um ato / de Millôr Fernandes; (sobre uma idéia de Petrônio). – Porto Alegre, RS : L&PM, 2009.
112p. – (Coleção L&PM Pocket; v. 779)

ISBN 978-85-254-1901-9

1. Teatro brasileiro (Literatura). I.Título. II. Série.

09-2354. CDD: 869.92
CDU: 821.134.3(81)-2


Rua Comendador Coruja 314, loja 9 – Floresta – 90220-180
Porto Alegre – RS – Brasil / Fone: 51.3225.5777 – Fax: 51.3221-5380

PEDIDOS & DEPTO. COMERCIAL: vendas@lpm.com.br
FALE CONOSCO: info@lpm.com.br
www.lpm.com.br

Impresso no Brasil
Outono de 2009

# Sumário

# A viúva imortal

*Fausto Wolff*

Meio sobre o satisfeito, meio sobre o irritado assisti propositadamente, com certo atraso, ao espetáculo *A viúva imortal*, comédia de Millôr Fernandes, produzida e dirigida por Geraldo Queiroz, com o seguinte elenco: Maria Sampaio, Lafayete Galvão, Gracindo Júnior, Suzy Arruda, Leina Crespi e Antônio Pedro. Porque propositadamente atrasado: a atriz Leina Crespi, a própria viúva imortal, um dia depois da estréia do espetáculo sofreu um acidente automobilístico que lhe rendeu 25 pontos no belo rosto. Apesar disso, ela não interrompeu a temporada e assistir um espetáculo com uma atriz em tais condições seria o mesmo que ter um elenco inteiro com atores andando de joelhos sobre o palco. Antes da crítica, seria necessário colocá-los de pé.

Muito bem: porque satisfeito: tive oportunidade de assistir a uma das melhores comédias já escritas no teatro brasileiro desde que ele existe. No Brasil temos duas espécies de autores: ou os adeptos do gagaísmo e das convenções que nada mais sabem fazer senão colocar personagens em situação singular dentro de um living-room ou os revolucionadores do teatro mundial, ou seja, aqueles que escrevem peças para provar que Kafka está ultrapassado, Beckett é um burguês conformista, Sartre já deu o que tinha que dar. É quando o espectador comum deve imediatamente reunir sua família e mais os parentes próximos para testemunharem algumas das maiores caceteações da história.

Millôr Fernandes está na linha intermediária e se alguém tinha alguma dúvida esta foi inteiramente desfeita por *A viúva imortal*: trata-se de um autor de teatro. Não de um jornalista, não de um cronista, não de um poeta, mas de um escritor maduro que reúne humoristicamente todas essas qualidades e escreve para a cena. O que significa escrever para a cena? Narrar uma estória e colocá-la na boca de cinco, seis, trinta personagens da maneira mais naturalista possível, ocasião em que o público nada mais tem a fazer senão aguardar a situação singular? Não, isto qualquer entertainer com poder de síntese, como Danny Kaye, por exemplo, faz com um pé nas costas. Escrever para a cena significa compreender que o teatro possui uma expressão própria, é uma arte-viva que acontece todas as noites; significa compreender que o texto será dito por pessoas vivas que colaborarão ou poderão deturpar com seu *sense of humour*, sua personalidade, sua vida, as palavras do autor.

Os leitores, certamente, já passaram os olhos por determinados best-sellers onde depois de tomarem conhecimento da trama, pulam as partes descritivas para manterem sua atenção no diálogo e, através dele, saberem como se desenrola a estória. Exemplos desses maus romancistas existem aos montes e o teatro está cheio desses dramaturgos. No teatro de Millôr Fernandes (exceção feita à *Liberdade, liberdade* da qual não gosto, pois parece-me, como já disse uma vez, feita de encomenda para satisfazer necessidades emocionais de época), inexiste este narrar para atingir o acontecimento. Cada frase proferida no palco possui vida própria, tem seu sentido e sua razão intrínsecas e pode ser analisada isoladamente. E – apesar disso – forma com as demais frases uma unidade perfeita e esta unidade chama-se teatro.

Millôr apanhou a lendinha compilada por Petrônio nos primeiros anos do cristianismo que conta a estória da viúva de um general romano que acompanhou-o na morte, tamanho era o seu amor por ele, e sem fugir da época, demonstrou a possibilidade de dar contemporaneidade a um texto clássico. Provou que, embora usemos outros vocábulos referentes a outras realidades, continuamos presos aos mesmos preconceitos ético-feudais. Sem partir para o insulto, pura e simplesmente, através dessa estória despretensiosa mas, realmente clássica dentro das suas proposições, Millôr, usando da lente de aumento da farsa, faz a crítica do comportamento militar, do comportamento sexual, do comportamento religioso. E tudo isso não como um fanático político que deblatera através de comícios cênicos, mas como um crítico de sua época que vai buscar na História elementos que lhe possibilitam apontar as muletas sobre as quais se ampara o Mundo; muletas como a religião, o militarismo e o "pecado sexual", idéia bem bolada para manter a massa bem comportada, pelo cristianismo. Uma comédia engraçada; talvez a mais engraçada já escrita por um autor brasileiro e clássica neste sentido. Uma palavra que se lhe acrescentasse seria demais; uma que se lhe tirasse, faria falta. O que mais pode-se pedir de um escritor que, dono de um incomparável poder de síntese, restringindo-se aos fatos através do riso anárquico, oferece à platéia uma escada para atingir a coerência da autocrítica sem receio de uma ética coibitiva?

Porque irritado: tanto o diretor, quanto o cenógrafo, quanto o figurinista e mais o elenco parecem ter entendido tudo quanto eu disse acima. Exemplificando: receberam uma Ferrari, de corrida, último tipo, sabiam das suas possibilidades, não desconheciam o fato de as peças serem perfeitas e do material que lhe foi entregue ter todas as possibilidades para ganhar o grande prêmio. Entretanto, entraram para a corrida acelerando o motor ao mínimo. Por quê? Também não sei. A direção de Geraldo Queiroz está certa. Certa é a forma como os personagens se movem sobre o palco. Certa a linha dada aos atores. Entretanto é pobre. Pobre porque os atores se movem vagarosamente como se duvidassem dos próprios gestos. Pobre, porque dentro da linha certa, vão apenas até um determinado ponto, não ousando dar aos respectivos personagens toda a vida que existe dentro deles. Está na hora de acabar com esse amadorismo; esse pouco caso; essa pretensão de que "certas peças se tira de letra". A comédia de Millôr é séria e deveria ser tratada com seriedade, o que não significa, absolutamente, temor. Millôr não escreveu a sua comédia de brincadeira. Como frisei, no início do artigo de hoje: seu diálogo não está lá de graça. Quando um personagem tem uma fala, não basta dizê-la natural-artificialmente com uma dicçãozinha mais ou menos boa. É necessário pensá-la, ver o que ela significa no contexto total, como aproveitá-la em seus mínimos detalhes. Geraldo concebeu bem o espetáculo, mas, certamente, não soube fazer os atores pensarem sobre o texto e por isso perde-se toda a primeira intervenção de Gracindo Júnior que, através dele, julguei inteiramente dispensável, prejudicial até para a unidade do espetáculo e para cuja importância só fui atentar quando li a peça. Certo é o cenário de Cláudio Moura, mas pobremente executado e o mesmo se pode dizer dos figurinos de Kalma Murtinho (que estupidez colocar um boneco em cena numa comédia realista, apesar de tudo, quebrando assim todo um clima de realidade). Eu não estaria tão irritado, se os atores não estivessem na linha certa. Irrita-me, entretanto, o fato de eles tratarem o texto (desculpem, mas é esta a impressão que dão) com descaso. Realmente, é criminoso o tratamento dado a esta excelente comédia que recomendo pelo verdadeiro show de slides narrados por Célio Moreira, com legendas de Millôr Fernandes, e pela presença de Maria Sampaio, uma das melhores atrizes do Brasil que, entretanto como Lafayete Galvão, outro bom ator, permanece com o pé no acelerador, nos 20 quilômetros horários, quando na mesma estrada, na mesma linha, se preferirem, poderia ir até os 250 quilômetros por hora.

Um conselho a Geraldo Queiroz: quando a peça sair de cartaz, do TNC, pare com a temporada por uns quinze dias e a reensaie com os mesmos atores ou com outros e traga-a para um dos teatros da Zona Sul. Mas faça os atores pensarem na importância do que estão dizendo, pois embora se trate de uma comédia em nenhum momento os personagens não falam sério ou deixam de acreditar no que fazem. O fato de Millôr estar vivo e poder ser encontrado num bar de Ipanema, tomando chope, não tira a seriedade do seu texto. Vocês do elenco teriam esse pouco caso com Feydeau? Certamente que não. Respeitem Millôr Fernandes, portanto. Será criminoso se quem pode ir ao teatro não tiver oportunidade de assistir esta peça de Millôr como ela pode e deve ser apresentada.

Texto publicado na<br>*Tribuna da Imprensa*

# A viúva imortal

# Personagens:

**Fidélia** – Mulher de Potêncius

**Etérea** – Escrava de Fidélia

**Potêncius**

**Narrador**

**Mãe de Fidélia**

**Capadox** – Arqueologista cristão

**Capitão** do exército romano

# Cenário:

## Quadro I

Grande banheira branca, de mármore, à esquerda. Pequeno suporte para toalhas. Dois bancos. Uma pequena mesa de madeira, para massagens. Um carrinho de bebidas, na parte de cima, com vidros, potes, caixas e garrafas, os mais variados e coloridos. Cosméticos, loções e perfumes. Na parte de baixo, além de uma caixa de âmbar, do tamanho de uma caixa de sapatos, uma profusão de vasos e outros recipientes de bebidas. E chega.

## Quadro II

Uma grande cama elástica, de atletismo, necessariamente camuflada como cama comum. Encobrindo-a, deve descer, dos altos, uma cortina de plástico transparente para acentuar o efeito de "afastamento", no tempo, dos personagens. Não é preciso mais.

## Quadro III

Interior de uma catacumba. À esquerda, ao fundo, o esquife com o cadáver de Potêncius, sobre um cadafalso com uma rica toalha bordada. Sobre

Potêncius, e em volta, seus pertences, sobretudo militares: lança, sabre, espada, escudo, armadura, capacetes etc. Escada estreita, à direita, centro, dando para o exterior. É uma escada íngreme, defendida por uma porta de madeira, cheia de ferrolhos. Agora está aberta. Na parede, uma tocha forte, a óleo. Isso me basta.

* * *

Nota importante: você leitor, que está me lendo neste momento (e que pode até ser um diretor ou ator de teatro interessado na montagem desta "obra"), é pessoa dotada de excepcional inteligência e perspicácia. Mas como há outros, menos dotados, que também lerão este modesto trabalho, é necessário adverti-lo do seguinte: há, através desta peça, o uso de uns poucos, e vagos, anacronismos de história, linguagem e ação, colocados dentro de um cálculo absolutamente preciso. Assim como certas malícias levadas a seu ponto extremo. A montagem (ou o pensamento) fica terminantemente proibida de acentuar umas e outros. Quanto mais de engrossá-los.

# Quadro I

**Fidélia**

*(Está na banheira, nua. Levanta-se para sair.)* Vem, Etérea... *(Etérea cobre-a com uma toalha de púrpura. Esfrega-a um pouco.)*...e prepara o meu corpo com todo o teu carinho. *(Deita-se na mesinha de massagens, de barriga para baixo, braços caídos fora da mesa. Etérea empurra o carrinho para junto da mesa.)*

**Etérea**

Como sempre, madame. Óleo da Espéria para o seu cabelo. *(Passa-o, esfregando com vigor a cabeleira de Fidélia.)* Perfuma e dá um brilho inigualável. Nove entre dez patrícias invejam esse requinte. Nas mãos, creme de Orestes, que as torna mais macias... *(Passa-lhe o creme nas mãos.)*

**Fidélia**

Onde aprendeste tanto, Etérea, em vida inda tão curta?

**Etérea**

Há os que sabem, madame, porque sabem. E os que não sabem, nem jamais aprendem. Quantas escravas a senhora tem?

**Fidélia**
Não sei, perdi a conta. Só no meu último aniversário Potêncius mandou me dar dezoito. Fiquei com três, dei três à minha sogra, e o resto emprestei para as amigas. Devo ter, talvez, no meu serviço aqui, em Cápri, e em nossa casa de campo na Beócia, umas quarenta. Ou cinqüenta. *(Sem se mover de sua posição, e sem atrapalhar Etérea, prepara uma bebida bem colorida, na parte de baixo do carrinho. Mexe com uma haste de marfim.)*

**Etérea**
Setenta e oito, madame.

**Fidélia**
Tantas?

**Etérea**
E quantas, como eu?

**Fidélia**
Nenhuma. Ninguém tão hábil, tão sábia, tão presente... e tão ausente quando necessário. A mais perfeita camareira que o destino me deu. Estás comigo apenas há três meses e eu já não sei mais o que faria... Porém, já disse mil vezes, você não é uma escrava, é livre. *(Bebe.)*

**Etérea**

Ah, senhora, a liberdade! Há quantos séculos se fala em liberdade? Por quantos mais se falará ainda? Um pouco de glicínia? *(Fidélia acena que não com a cabeça.)* E *ombra*, para os cílios? *(Fidélia faz que sim. Etérea lhe passa* ombra *nos cílios, com extremo cuidado, quase com amor. Fidélia é uma mulher jovem, de idade indefinível, entre os 25 e os 30 anos. E bela. À medida que vai recebendo o trato, e os requintes da maquiagem e adornos, vai-se tornando esplêndida.)* Massagem? *(Fidélia se vira. Etérea tira-lhe a toalha, deixando-a nua. Faz massagem. Fidélia vai indicando os locais, sensualmente.)*

**Fidélia**

Aqui. Aqui. Assim. Mais. Mais um pouco aí. Mais forte. *(Etérea exagera na massagem a um ponto bastante suspeito e sensual.)* Assim. Assim.

**Narrador**

*(Entra pela direita. Vem vestido no último apuro da moda masculina italiana moderna. Está de chapéu. Enquanto fala, movimenta-se com calma, apreciando a ação das duas, às vezes mesmo olhando a massagem bem de perto.)* Desculpem estas roupas anacrônicas em relação à nossa época, mas servem para tornar menores outros

anacronismos que os mais hábeis perceberão no decorrer da história. *(Acende cigarro com isqueiro reluzente.)* É evidente, na relação dessas duas mulheres, em que pese todas as demonstrações de normalidade femininas que darão no decorrer da vida – ou da ação da peça, se preferem – um forte componente de luxúria, oriundo de uma excessiva intimidade, de uma necessidade psíquica, moral e social que uma tem da outra. A vontade de se entregar toda, por parte da escrava excepcionalmente prestigiada, de dar mais do que o necessário para pagar a confiança e a atenção da senhora, é correspondida pela mesma vontade por parte da patroa, tão dependente da compreensão, da habilidade, da malícia, em suma, do prazer que lhe dá o ser humano extraordinário que retém como escrava. *(Referindo-se à massagem.)* Daí a juras de fidelidade até a morte e à aceitação de um holocausto por parte da escrava, existe só um passo. E daí a Freud não há nem um passo. Mas não se atemorizem que isto é só um comentário marginal, insopitável. Evitando o anormal, a nossa história segue outro caminho. *(Pára. Fica olhando.)*

**Etérea**
Pronto, madame.

**Fidélia**

Ah, se não fosse você, Etérea, como eu suportaria a ausência constante de Potêncius? Sem tua companhia... *(Narrador sai, balançando a cabeça.)* Me dá meu peplo novo. *(Etérea apanha a caixa, no carrinho, tira de dentro o peplo magnífico. Filadélfia se levanta, nua. Etérea veste-a.)*

**Etérea**

É lindo!

**Fidélia**

Chegou de Atenas ontem.

**Etérea**

*(Enche-a de colares e pulseiras.)* Que gosto o de madame!...

**Fidélia**

*(Se olhando num espelho de bronze enquanto Fidélia continua a ajeitá-la.)* Meu gosto é simples. Me contento com o que há de melhor.

**Etérea**

Pronto, senhora. *(Soa uma fanfarra.)* E na hora exata! *(Com a ponta dos dedos ela ainda põe um pouco de perfume nas orelhas de Fidélia. Potêncius, com uma cambalhota atlética, cai de pernas abertas no meio da alcova, forte e virilíssimo. É um jovem coronel do exército romano. Pelos trajes acaba de chegar de uma campanha. Se desfaz rapidamente da couraça enquanto age.)*

**FIDÉLIA**

Potêncius, meu senhor! *(Abraça-lhe as pernas, perdida de amor.)* Oh, cada dia, cada hora que passa...

**POTÊNCIUS**

*(Ergue-a pelos ombros.)* Depois nós conversamos, meu amor... *(Beija-a violentamente. Faz gesto para Etérea se retirar. Etérea, fazendo mesuras, se retira, de costas. Potêncius vai levando Fidélia nos braços para a cama, ao fundo, enquanto, ao mesmo tempo, se desvencilha de couros, espada etc... Os dois caem na cama. Grandes cenas de sensualidade. O peplo que voa. A luz, em resistência, vai deixando os dois em silhueta. Os gestos dos dois devem ser cômicos e hieráticos. A cortina transparente desce, separando-os do momento presente. Entra o narrador, de novo pela direita. Agora está de capa, bem moderna, três quartos, e guarda-chuva, que fecha ao entrar, olhando para cima, como se chovesse lá fora. Sacode o guarda-chuva, fala. Potêncius começa a dar saltos e cambalhotas atléticas na cama elástica,*

*a começar da palavra "esporte". Os saltos devem ser muitos e divertidos, sincronizados para não prejudicar o narrador.)*

NARRADOR

Potêncius não era um homem. Era um congresso de fertilidade. Jamais uma pessoa foi tão símbolo da masculeza, da masculinidade, da macheza, da virilidade. Fidélia não sabia, mas se soubesse não lhe importaria: o coronel Potêncius, nas lutas, não arriscava a pele. Os grandes sensuais preferem guardar sua energia pras alcovas. Têm mais por que viver. Só os impotentes se realizam nas batalhas, nas grandezas políticas. Potêncius, se pudesse, jamais sairia do leito, tal o prazer que encontrava nas variações sensíveis desse jogo informal homem-mulher. Era o que hoje chamamos, vulgarmente, um atleta Probel, desses que compram suas camas em casa de esporte. *(Aqui Potêncius dá sua primeira cambalhota no ar.)* E em Fidélia encontrou o máximo dos máximos. Tem o carinho exato na hora necessária. Sabem poucos, mas os que sabem sabem bem o que insinuo – essas mulheres macias, que coleiam, que meneiam, que falam num sussurro, que acreditam na virtude comercial do dá lá toma cá, ou seja, na oferta e na procura, onde a boca completa o que a mão pesquisa, um corpo entrega o que outro corpo espera, e uma parte do corpo dá o que o corpo todo pede, numa insaciedade que atravessa a noite sem cansaço, ou com doce cansaço, e fecha as cortinas sobre a aurora para fazer uma noite mais longa dia adentro, até esgotar as possibilidades físicas do ato.

Mãe

Adeus, minha filha. E tu, também, Etérea? E ela, também fica?

Etérea

Também, senhora.

Mãe

Por quê, ela te obriga? Não és livre?

Etérea

Como ser livre quem tem alma de escrava, minha ama? Júpiter em certo dia, vendo que o rato tinha horror ao gato, transformou o rato em gato. Mas o ex-rato, agora gato, passou a fugir de todo cão. Júpiter então resolveu dar-lhe a forma de um cachorro. Mas o cão, ex-gato, passou a ter medo de tudo que era grande, maior: elefante, tigre, vaca, javali. Júpiter então resolveu transformar o antigo rato em rei dos animais e fez dele um soberbo leão. Mas mesmo assim era um leão tão chocho que fugia ao silvar do rato mais franzino. Moral: nasci para servir madame, sou escrava, morrerei com a patroa. É bom me conformar, talvez ganhe um lugar melhor no céu dos deuses. Como dizia Júpiter, ao fazer de novo o leão virar rato, "A quem tem alma de rato não adianta a forma de um leão".

**Mãe**
Mas mesmo assim te levo. Se queres ser escrava, se te sentes escrava, terás comigo mais serviços do que jamais tiveste. Vem.

**Etérea**
*(Hesita como quem vai partir. Desiste.)* Minha maior escravidão, como a de tantos, senhora, é o terror de desagradar. Morro mas fico. Quem sabe, ao acordar, na morte, terei a coragem de xingar madame? Quem sabe ao acordar, na morte, serei, pelo menos, um gato?

**Mãe**
Adeus, Fidélia. São as últimas palavras humanas que tu ouves. Partimos todos hoje pra Sigúria. Os vinhedos esperam, já não podemos mais retardar a estadia. Se te interessa saber, lá fora é primavera. O testamento é pronto, as ambições satisfeitas ou

irritadas mas já legalizadas, cada um recebeu o que era seu, inclusive a afronta de não receber nada. Mandarei construir o monumento a Potêncius exatamente assim. *(Mostra o pergaminho.)* Já que queres ficar, fica em paz com a vida lá fora que está bem cuidada. Trata bem de tua morte. Petrônio, que escreveu tua história, nas mesmas circunstâncias, não abandonou a estética, por uma questão ética. Abriu os pulsos aos poucos, foi morrendo, fechou de novo os pulsos, conversou com os efebos, abriu de novo os pulsos, esvaiu-se ainda mais um pouco, docemente. E assim foi definhando em cerimônia, branco e azulado, envolvido em sua mais bela toga...

**Fidélia**

Trouxe as roupas melhores e a inanição é uma forma delicada de extinção.

**Mãe**

Cuida porém do hálito. O jejum é terrível!

**Fidélia**

Tenho um aspergidor prevendo o caso. Mas enquanto eu viver ninguém mais estará perto de mim para cheirar-me. E assim que eu morrer terei ultrapassado as vãs exigências do olfato.

**Mãe**
Adeus então, definitivo. *(Beija-a.)*

**Fidélia**
Definitivo adeus, mamãe. *(Sai a mãe, depois de dar um adeus a Etérea, correspondido tristemente.)*

**Etérea**
Esses contatos com essa gente viva, madame, me perdoe, mas trazem péssimas lembranças. Será que vai demorar muito?

**Fidélia**
Não sei, um pouco. Oh, Etérea querida, fiz tudo para te convencer: o morto é meu, sou eu quem deve acompanhá-lo.

**Etérea**
Mas quem a servirá na eternidade, pois lá também, eu sei, há patrões e escravos? Falei apenas de saudade da vida. Sua mãe veio aqui, e de repente eu senti na boca o insuportável sabor de costela de porco. De todas as tentações de viver me sobrou, de repente, essa, mais forte.

**Fidélia**
A mim a vida só me traz a imagem constante de um afeto – Potêncius. É dele o meu olfato, e

o meu tato se recorda dele, e o calor que sinto ainda é o calor do seu corpo junto ao meu. Levei cinco minutos para perceber que morrera, pois conservou, na rigidez cadavérica, o seu amor por mim todo esse tempo. Manteve o seu desejo vivo, mesmo depois de morto.

Etérea
*(Boquiaberta.)* Tinha ouvido falar mas não acreditava. Realmente não é um homem de se abandonar apenas porque já não respira. Um homem assim é de seguir-se por toda a eternidade e até o infinito. *(Uma lufada de vento.)*

Fidélia
Que gemido é esse?

Etérea
O vento, dona Fidélia. Respira e pulsa, o vento. *(A luz diminuiu.)*

Fidélia
Põe mais óleo na lâmpada antes que ela se apague. Se devemos morrer, é bom conservar a luz bem clara para vermos o instante.

Etérea
O óleo já acabou, madame.

**Fidélia**
Como acabou?

**Etérea**
Não calculei bem, eu que calculo tudo. Um erro meu. Não pensei que pudéssemos durar tanto. Ui.

**Fidélia**
Que foi?

**Etérea**
Dói-me o estômago. *(Senta.)* Minha cabeça é um calidoscópio cheio de iguarias. Penso numa salada, faço força pra esquecê-la, clic!, surge logo um faisão cheio de pernas fritas, clic!, uma cesta de figos, clic!, fatias vermelhas de carne quase crua...

**Fidélia**
É melhor esquecer que isso existiu um dia. Só pretendo que chegue mais depressa o momento de me encontrar de novo com... *(Boceja.)* Ai, que sono mortal.

**Etérea**
Mortal, madame?

**Fidélia**

Maneira de dizer. Uma expressão antiga. Não tem sentido especial para o momento. *(Etérea boceja.)* Que é?

**Etérea**

Também eu tenho sono. Não tão mortal quanto a senhora, madame, pois devo segui-la, nunca precedê-la no sono, seja ele mortal ou natural.

**Fidélia**

Já não é natural, minha cara amiga. *(Pega uma ampulheta, vira-a.)* Já são mais de três horas do terceiro dia... o organismo cede. Deite-se um pouco.

**Etérea**

Vou esperar de pé, madame. Como uma estátua eqüestre sem cavalo. Deite-se um pouco a senhora que eu vigio.

**Fidélia**

*(Se aproxima do corpo.)* Não há nada a vigiar senão Potêncius. E ainda precisa menos de atenção do que nós duas, Etérea. Está muito cadavérico? Continua rosado e sorridente. O cosmetista fez trabalho esplêndido: conservou a perfeição sua expressão derradeira. E o embalsamador era o

melhor dos melhores. Dizem que o rei do Ponto foi embalsamado por ele. *(Aspira o ar.)* Potêncius cheira tão bem quanto cheirava em vida.

**Etérea**
O cheiro do patrão... Me lembro das toalhas...

**Fidélia**
Etérea!...

**Etérea**
Perdão, senhora... meus sentidos me vêm à tona enquanto eu enfraqueço. Desapareceram todas as iguarias. Agora vejo homens e homens. Toda uma legião de homens passando na retina...

**Fidélia**
Soldados?

**Etérea**
Não, madame. Uma coorte vária. *(Fecha os olhos.)* Assumem em minha mente uma formação militar e vão marchando. Pron! Pron! Pron! Pron! Mas são homens comuns, do serviço da casa. Laertes, o padeiro... clic!... marcha ao lado de Lúcio, o menino louro que cuidava da lavanderia... clic!... Vitrício, o da guarda campestre... clic!... Paulus, o das mãos de veludo... clic. Triginius, que sempre, na hora, ficava um pouco

gago, clic!... agora todos juntos... clic, clic... todos juntos, madame, pron! pron! pron! pron!, me abraçam e me beijam... *(Berra, acompanhada de Fidélia.)*

**Fidélia e Etérea**
AAAHHH! *(As duas se entreolham.)*

**Etérea**
Que foi, madame, a senhora gritou?

**Fidélia**
Não sei, você gritou?

**Etérea**
Alguém gritou. Ou foi um pesadelo?

**Etérea**
Serão corujas? Eu vou ver lá fora.

**Fidélia**
Não acredito que alguém possa chegar aqui. Um campo desolado a dezenas de milhas da cidade, fora da estrada, longe de todos os caminhos.

**Etérea**
Puxa, que eles faziam as catatumbas bem distantes.

**Fidélia**
Catacumbas.

**Etérea**
Cumbas? Não eram tumbas?

**Fidélia**
Eram tumbas mas se chamavam cumbas.

**Etérea**
Que mistério insondável é o falar certo! Catacumbas. Catatumbas.

**Fidélia**
Enterravam aqui os adeptos desse cigano chamado Jesus Cristo.

**Etérea**
Existiu mesmo, Jesus Cristo?

**Fidélia**
Morreu há muito tempo, há mais de trinta anos. Acho que o enforcaram na Judéia. Ainda tem porém uns seguidores, uns terroristas que vivem atacando os cidadãos.

**Etérea**
No Coliseu eu via sempre eles.

**Fidélia**
Você ia lá?

**Etérea**

Onde é que a senhora pensa que eu ia, nos domingos? Triginus me levava. Na torrinha. Ele era meio assim, simpatizante... Só não me convenceu porque era gago.

**Fidélia**

Todos uns anormais: não têm religião. Os homens e as mulheres não se tocam, são platônicos. Não têm prazer na vida.

**Etérea**

Não sei, senhora. Se entregavam aos leões com tanta alegria que creio que era aí que encontravam o prazer de viver.

**Fidélia**

Na morte?

**Etérea**

Nas mordidas. São passos? *(As duas ouvem. Há um barulho indistinto, como se alguém cavasse ao longe. Cessa.)* Parecem passos. Quer que eu vá ver?

**Fidélia**

Não, Etérea. É melhor não sair. Ninguém sabe o que lhe poderá acontecer lá fora.

**Etérea**
Nada pior do que aqui, madame. *(Se levanta, tonteia.)* Ai, minha cabeça gira. Ou é a sala?

**Fidélia**
Deve ser a sala. Também a vejo girar. Será o fim, Etérea? A morte será um carrossel? Aiiii...

**Etérea**
Que foi, madame? Que foi? Algum bicho a mordeu?

**Fidélia**
Um rato. Eu vi um rato. Você viu um rato?

**Etérea**
Ai, senhora, só faltava mais essa. Ratos. Bem podíamos ter morrido no palácio, com o maior dos confortos. Cicuta, áspide, adaga ou a mesma inanição, mas na alcova, sem ratos nem baratas. Brr, que morte inconfortável!

**Fidélia**
Em qualquer momento em que quiser desistir, Etérea, a porta é sua.

**Etérea**
Não quero desistir, madame. Falei em desistir? Onde é que eu iria às quatro da manhã, estando viva?

**Fidélia**
Reclama tanto. Nunca reclamou tanto, nada, nunca.

**Etérea**
A morte não me assusta, madame. Reclamo só do desconforto. E não tanto por mim; pela senhora. Quem foi que viu o rato?

**Fidélia**
Fui eu.

**Etérea**
E quem foi que gritou?

**Fidélia**
Fui eu. Instinto. Jamais pensei que os ratos...

**Etérea**
Rato e morte andam juntos, madame. O mais pútrido emblema conhecido é um rato morto. Quer desistir, madame?

**Fidélia**
Etérea, proíbo que você me fale nesse tom.

**Etérea**
Estamos numa tumba e à espera da morte, senhora. Nem na morte então há uma igualdadezinha?

**Fidélia**
Talvez depois... antes jamais.

**Etérea**
Depois é que não creio, madame. Deuses, titãs, santos, anjos, arcanjos, querubins, de um lado... Do outro, demônios, sátiros, capetas, diabretes... E, como intermediários, os íncubos nos sonhos e fantasmas, que servem de correio... Que posso eu vir a ser nessa burocracia toda? Um cadáver a mais, sem etiqueta.

**Fidélia**
Ninguém te espera?

**Etérea**
Tenho dezoito anos, madame. Os que me esperam estão todos deste lado, não daquele. Laertes, o padeiro... Arlindo, com quem passei a última noite...

**Fidélia**
Você já os descreveu tanto que eu até sei de cor... Lúcio, o menino louro da lavanderia... Clic... Vitrício, o da guarda campestre...

**Etérea**
Ah, que cheiros esse tinha, senhora; um dia bulbos, lírios e jacintos... No outro cheirava a salsa e a heliotrópios...

**Fidélia**

Eram tantos... Como se pode viver nessa trifurcação de afetos?

**Etérea**

Senhora, sou uma mulher organizada.

**Fidélia**

E o seu preferido? Não tinha um preferido?

**Etérea**

Vênus me protegia. Eram tantos os que me queriam que eu não encontrava tempo para preferências. Desde que fosse vivo... Perdão, não devia ter dito...

**Fidélia**

Diga o que bem entender, Etérea. Diga tudo. Quanto tempo ainda duraremos? *(Junto ao caixão.)* Potêncius, minha glória, meu amparo, como demora a hora de encontrar-te.

**Etérea**

Por que não apressá-la um pouco, madame?

**Fidélia**

E violentar meu corpo por toda a eternidade? E viver com os pulsos cortados por toda a eternidade? Ou o esôfago queimado de cicuta para todo o sempre? Pensou o que é ter azia e o estômago ulcerado pelos tempos sem fim? Não, esperarei tranqüila. Minuto a minuto, no tecido das horas, hora a hora, na formação dos dias, enquanto eu definho, definhamos... Já nem posso me manter de pé... *(Gemidos.)* E que é isso agora?

ETÉREA
Gemidos. São gemidos.

FIDÉLIA
Quem gemeu de nós duas?

ETÉREA
Nem eu, nem a senhora. É gemido de homem. Foi lá fora. *(Aproxima-se do morto com suspeita.)* Daqui não foi.

FIDÉLIA
Etérea, mais respeito. Que gemido poderia partir desse corpo sem vida? Extraíram-lhe tudo, até mesmo os gemidos.

ETÉREA
Não sei, madame. Talvez gases. *(Outro gemido. As duas param.)* É lá fora. Vou ver, um momentinho. *(Sai correndo até a escada.)*

**Fidélia**

Etérea! Nunca vi tanta curiosidade pela vida numa pessoa que está pronta a morrer. Que importa o que acontece lá fora? Feche a porta.

**Etérea**

Essa porta é hermética, senhora. O fiscal da fazenda não lhe avisou quando lhe deu o alvará do pretor permitindo sua permanência aqui até a extinção?

**Fidélia**

Feche a porta!

**Etérea**

Mas, madame, a senhora me disse que morreríamos de fome, inanição. Não me falou em asfixia.

**Fidélia**

Ou você obedece, ou me levanto reunindo as poucas forças que me restam...

**Etérea**

Está bem, madaminha, eu obedeço. Mas nós não temos chave. E se de repente quisermos?... *(Vai empurrando a pesada porta de madeira, lentamente.)* Essas tumbas têm um sistema que não abre mais. O morto está seguro. Mesmo que alguém de fora queira ajudá-lo... *(Balança a cabeça negando. Faz menção de sair.)* Dou uma olhadinha só, madame, antes de fechar para sempre a catatumba?

FIDÉLIA

*(Levanta-se de um salto. Fecha a porta violentamente, com um estrondo.)* Pronto! Etérea, de uma vez por todas: esperemos a morte.

ETÉREA

*(Chorando.)* Oh, a senhora fechou minha vida lá fora! Desculpa, não é que eu quisesse sobreviver à sua dor. Queria só olhar mais um pouquinho esses degraus da escada tão gentis, o pouco de capim que se via daqui, a papoula na grade, o céu lá em cima furado pelos astros, e aquela estrela que tem tanto nome. Perdão, senhora, se estou chorando. Daqui a pouco eu paro.

FIDÉLIA

Chore quanto quiser, mas chore baixo. Vou dormir. Se eu tiver que acordar, me acorde às oito. Se eu não acordar mais, adeus.

ETÉREA

Adeus, madame.

FIDÉLIA

Até a eternidade.

**Etérea**

Se a nossa eternidade for a mesma. *(Fidélia se deita e parece dormir.)* Era uma papoula tão carinhosinha. *(Fidélia ronca.)* Madame ressona. Madame descansa. Madame Fidélia se aproxima do supremo ato de fidelidade. E eu vou com ela. Oh, Paulus, Petrus, Romulus, Vinícius... quantos nomes romanos em meu pobre corpo. *(A luz diminui um pouco.)* Meu Deus, estou indo. É a escuridão da morte, estou certa. Eu tenho medo de morrer, eu tenho, eu tenho tanto medo de morrer, eu tenho, eu tenho tanto. Não seja tola, Etérea, pensa em coisa pior! *(Pensa.)* Não há nada pior! Que coisa estranha! É igualzinho à vida, apenas mais escuro. Respiro, sinto a mão no meu corpo *(funga)*, o cheiro, o calor do seio de madame... A morte é só cegueira? Meus olhos se fechando. A todos os que ficam, adeus... *(Tonteia, abre muito os olhos, fica assim um instante, com eles fixos. Quando fecha os olhos a luz se apaga. Um ronco, um assobio. Parece que as duas dormem. Ouve-se barulho de picareta mais próximo. Pedras sendo removidas. Passos. De novo a cena se ilumina. Bem no meio da cena, com uma lanterna de óleo na mão, sem se saber de onde veio, um homem de aproximadamente trinta anos, vestido com roupas entre a toga romana e o arqueologista moderno.*

*Traz uma picareta curta e saco de alpinista, além de outros instrumentos vários. Examina a cena com o máximo interesse; e detalhadamente.)*

**Capadox**

Um prodígio! Verdadeiro prodígio da ciência ou da natureza! Uma antiga família romana inteiramente conservada! Bem morta, é claro! Admirável! Como fariam os antigos para preservar de tal maneira a roupa, a pele, o ar de vida depois de tanto tempo? Esta família deve estar enterrada aqui pelo menos há uns quinhentos anos! O patrício, a patrícia, a escrava mucama, os pertences gerais da vida íntima. A fase é antes do matriarcado, vê-se com facilidade. Mesmo na morte o esposo tem o lugar preeminente. A esposa no solo, em atitude de respeito e servidão. E, por último, a escrava e favorita. Um quadro admirável. Só faltava falar.

**Etérea**

Madame, senhora, minha patroa... deseja alguma coisa? Onde está a senhora que não a vejo no infinito?... *(O homem recua três passos, rápido, tremendo.)*

**Capadox**

Se eu fosse supersticioso estaria agora apavorado. Mas só acredito em Deus no céu. Na terra a ciência acima de toda e qualquer idéia metafísica. Portanto não me assusto. *(Treme um pouco.)* Me admiro! A lógica é perfeita: os mortos falam e não há por que me assustar; ou a ciência em determinada época conseguiu tal progresso que conservou até mesmo a voz dos mortos e, portanto, também não há por que me assustar. Ou pura e simplesmente essa mulher está viva. Você está viva, escrava?

**Etérea**
Não, estou morta!

**Capadox**
Portanto os mortos falam: ciência pura. Não pode ser uma alucinação.

**Etérea**
De uma alucinação pra outra: quem é o senhor?

**Capadox**
Sou Capadox, de Tirana.

**Etérea**
Onde estou?

**Capadox**
Você está aqui, morta e enterrada nas Catacumbas de Efigênia. Você morreu há quanto tempo, escrava?

ETÉREA

Oh, não sei, estou apenas tonta, eu acho. Pensando bem eu não morri. Estava aqui apenas esperando a morte, com minha ama, a patrícia Fidélia, que até há quatro dias morava no Quirino.

CAPADOX

Até há quatro dias... de que data?

ETÉREA

*(Pensa.)* Treze de maio do ano 3797.

CAPADOX

Há quatro dias de... Então é bem recente! *(Conta.)* Contando bem, é hoje. Não se trata pois de uma família de antigos romanos, como eu pensava antes. Ano 3797, ou seja, ano 26 depois de Cristo.

ETÉREA

O senhor já conta assim? *(Homem faz ar de assentimento.) (Etérea, assustada.)* O senhor é cristão?

CAPADOX

Cristão, minha cara, pela graça de Deus e legado de meu pai, filho do Pescador. Sou descendente em linha reta de Simão Pedro, o apóstolo. Uma aristocracia nova.

**Etérea**

Eu nunca tinha estado com um cristão assim de perto. O senhor tem Deus mesmo? Assim como um deus nosso?

**Capadox**

*(Ri balança a cabeça negativamente.)* Por enquanto teu Deus é o meu demônio.

**Etérea**

*(Com desprezo.)* E se o senhor não se ofende, eu digo vice-versa. *(Olha para a porta.)* Que horror! Não é possível! *(Vai até a porta, examina o ferrolho.)* Meu senhor, perdão, não me faça nada. Esquece qualquer coisa de mal que eu haja dito.

**Capadox**

Que foi?

**Etérea**

Bem me contavam que os cristãos tinham poderes sobrenaturais. Só por milagre o senhor poderia entrar com essa porta fechada. Estava fechada. *(Experimenta o ferrolho.)* E está fechada! *(Recua com medo. Capadox aproxima-se para acalmá-la. Ela foge para outro canto. Grita.)* Não me toque!

**Capadox**
Não há milagres, pelo menos da maneira como você os encara. Tudo tem explicação simples. Penetrei por ali, através das galerias antes obstruídas. *(Mostra uma enorme pedra quadrada, removida, dando passagem para um homem.)* Há meses que venho pesquisando nessas catacumbas.

**Etérea**
Há meses nessas catacumbas? *(Olha a pedra, não parece muito convencida.)* O senhor é um vampiro?

**Capadox**
*(Ri.)* Percorro as tumbas examinando vestígios do passado. É uma pesquisa para saber como viviam, o que faziam e sabiam nossos antepassados. Meus inimigos me chamam de necrófilo, mas no futuro todos dirão que eu fui o inventor da arqueologia.

**Etérea**
O senhor garante que é mesmo um ser humano? *(Capadox se aproxima do cadafalso.)*

**Capadox**
Mas esse também está vivo? Eu o experimentei com um alfinete...

Etérea
Esse está morto.

Capadox
Mocinho assim?

Etérea
Menos de trinta anos.

Capadox
Como é que chegou tão cedo a esse precário estado?

Etérea
Uma embolia... uma embolia de amor...

Capadox
Que hora imprópria... *(Etérea cambaleia.)* Que foi? Que sente?

Etérea
Uma tonteira. Não como há quatro dias.

Capadox
Por quê? Não tem dinheiro?

Etérea
Nem diga isso. Minha patroa é rica. Apenas prometeu acompanhar o patrão à outra vida, deixando-se esvair de inanição até a morte.

**Capadox**
E o que é que você tem a ver com essa história?

**Etérea**
Sou tão fiel a ela quanto ela era a ele.

**Capadox**
Que estupidez. Serve a vida inteira às classes dominantes e quando estas lhe dão a oportunidade de escapar ao cativeiro, recusa por um conceito de gratidão que essas próprias classes criaram?

**Etérea**
Que é que o senhor está dizendo?

**Capadox**
Que a maior escravidão é a ignorância. *(Desata o saco de alpinista, tira de lá uma espécie de tablete de chocolate.)* Tome! Coma e reviva! Você não pode morrer. *(Etérea fica tentada. Olha pra Fidélia, que dorme.)*

**Etérea**
Não, por Júpiter Tonante, vá embora.

**Capadox**
Oh, Jesus Cristo, come!

**Etérea**
Pelo amor do seu cristo, não insista. Eu já ia dormir. Que coisa é essa?

**Capadox**
Um tablete compacto que inventei para poder permanecer mais tempo nas escavações. Mistura de leite de jumenta, cálcio de hóstia e um pouco de ambrosia. *(Oferece de novo.)*

**Etérea**
*(Vai aceitar, desiste.)* Eu não posso. *(Grita.)* Eu não posso! *(Mas quase não resiste.)*

**Capadox**
Então, mais fica. *(Põe-se a comer, tentador. Pára.)* Posso comer aqui?

**Etérea**
Desde que não deixe restos. Para não atrair os ratos. *(Pausa.)* E não tentar nós duas.

**Capadox**
Me sinto mal, comendo assim sozinho, na frente de uma moça que não come. *(Oferece mais uma vez.)* Se não quer aceitar como alimento, experimente ao menos como novidade.

**Etérea**
*(Rápido olhar para Fidélia.)* Está bem então, só para experimentar. *(Vai comer, pára.)* Tem certeza de que posso? *(Capadox empurra-lhe o tablete, ela come um nadinha.)* O gosto não é mau. Parece chocolate.

CAPADOX

*(Comendo de propósito para tentá-la enquanto ela lambe os lábios.)* Já tenho uma pequena fábrica do produto montada em Spoleto. Pretendo fornecer grandes partidas ao exército romano para as campanhas na África, no deserto. Estão experimentando, no momento. Uns generais amigos meus, interessados, trabalham na intendência.

ETÉREA

Mas o senhor não é... arqui... isso que disse?

CAPADOX

Arqueologista. Apenas ao domingos. A arte em Roma não dá para comer.

ETÉREA

Já é domingo? É isso mesmo, viemos quinta-feira! Domingo é o meu dia de folga. Hoje é o primeiro domingo em que não vou ao Coliseu. Desculpe... esqueci que o senhor... já esteve alguma vez no Coliseu?

CAPADOX

Uma vez só... e posso lhe dizer, com isenção, que achei um espetáculo grandioso. O momento supremo, quando abrem as jaulas e os leões surgem à luz do sol piscando os olhos e escancarando as goelas é de matar de emoção! Impressionante!

Sobretudo se a gente o vê da arena. *(Espanto de Etérea.)* Sim, amiga, estive lá uma vez e sem pagar entrada. Consegui sair com vida porque, quando chegou a mim, o leão em questão já tinha pouca fome. Há cada vez mais cristãos, e o preço foi às nuvens. Atirou-se nas minhas costas mais por dever do que por apetite. Comeu-me apenas um pedaço da... *(Mostra com olhar.)*

ETÉREA

... da bunda? *(Homem faz que sim. Etérea olha.)* Mas não foi muito, foi? *(Pausa.)* Jamais pensei no espetáculo, visto assim, lá da arena. Deve ser horroroso! *(O homem lhe passa o tablete como quem não quer nada. Ela come também, sem perceber.)*

CAPADOX

Uma emoção que, em geral, não se repete. A cada representação um ator novo. Só há bis pros leões...

ETÉREA

Mas o senhor...

CAPADOX

Um caso raro, aproveitei e larguei minha célula. Desdisse tudo. É duro argumentar com feras.

Etérea
Como desdisse?

Capadox
No inquérito final, confessei tudo, botei incenso no altar de Janus, fiz tudo que queriam. Agi com a malícia dos mineiros, das minas da Sicília.

Etérea
E não é mais cristão?

Capadox
Subterrâneo... Não se abandona a causa de uma vida! Meu avô, Pedro, desde a mais tenra idade me dizia. *(De novo, oferece o tablete.)* Um pedacinho só...

Etérea
Ah não... chega... Não me faz isso... Não posso, vê?

Capadox
Mas que promessa é essa, descabida...

Etérea
Eu prometi, e uma promessa é dívida. Estou cada vez mais tonta. *(Senta-se.)*

Capadox
Vê? Tonta, você não pode estar certa do que faz. Coma um pouco e decida.

**Etérea**

Você acha que, comendo, terei mais força para jejuar?

**Capadox**

É o que eu digo. *(Etérea vai comer.)*

**Etérea**

Ah, não. É uma emboscada. Um pedaço leva a outro pedaço, e logo estarei alimentada. Pelo amor de seu Deus, me deixe. *(Cobre o rosto.)* Retire-se ou eu chamo a patroa.

**Capadox**

Ela já está morta.

**Etérea**

Madame, madame, oh, madaminha. *(Pega-a pelos ombros.)* Oh, madame morreu!... Agora mesmo é que não posso deixá-la. A fidelidade que ela tinha por ele agora é imortal... Eu que amei tanto a tantos não podia entendê-la... Mas pelo que sempre me disse, o patrão devia ser o fim do supra-sumo. Ela deixou quase tudo que tinha para erguerem um monumento enorme a fim de que todos soubessem, no futuro, o que Potêncius, meu patrão, representou pra ela...

**Capadox**
Um mausoléu.

**Etérea**
Um obelisco. Reto. Certo. Gigantesco. Uma espada de amor erguida para o céu. Que é que você faz?

**Capadox**
*(Está ajoelhado, junto a Fidélia.)* Eu rezo. Padre Nosso, que estais no céu, santificado seja o vosso nome... Ela respira! *(Tira um espelhinho do bolso. Põe-no na boca de Fidélia.)* Ela respira...

**Etérea**
Que devemos fazer? Temos que despertá-la!

**Capadox**
Ela não quer morrer? Não estava aqui para acompanhar o esposo?

**Etérea**
É mesmo! Mas dá uma aflição.

**Capadox**
Vamos, beba ao menos um gole. *(Puxa um cantil pequeno, oferece.)*

**Etérea**
Já lhe pedi. Vai embora.

**Capadox**
Vamos comemorar somente. Afinal, sua patroa se aproxima do momento em que vai encontrar de novo o adorado esposo, sem as limitações da matéria...

**Etérea**
O patrão não tinha dessas limitações... Vocês, cristãos, não sabem nada. São todos uns platônicos...

**Capadox**
*(Ri muito.)*

**Etérea**
Eu disse algo engraçado? Há alguma piada perdida em minha frase?

**Capadox**
Como é teu nome?

**Etérea**
Etérea.

**Capadox**
Etérea. Hoje em dia, nem mesmo Platão, se aqui voltasse... seria mais platônico... Nós, os cristãos, inventamos até um prazer novo...

**Etérea**
Você sabe a que eu me refiro.

**Capadox**
*(Ar superior.)* Aqui onde me vê, confesso francamente, sou tarado por sexo. Acrescentamos ao prazer sensual o gosto do pecado.

**Etérea**
Um super-sexo.

**Capadox**
Se assim quer... Mas para isso você terá que se converter à minha crença... Acreditar profundamente que o corpo é um sacrilégio... Que deus do céu castiga os que se afagam sem estar casados... Que a danação eterna espera os que espumam de amor e sensualidade... Já imaginou, tudo o que você já experimentou?... Ou não experimentou?

**Etérea**
Ora!

**Capadox**
Já experimentou... e mais o perigo, a ânsia, o másoco-sadismo implícito no ato... em nosso ato?

**Etérea**
Meu Deus, é tentador. Oh, como é tentador, meu Deus. *(Ele se aproxima.)* Afasta-te, demônio!

CAPADOX

Vê, todo mundo já usa expressões nossas! Onde aprendeu?

ETÉREA

Não sei. Na rua, no mercado, no aqueduto... com a torcida lá no Coliseu... Vou a tantos lugares...

CAPADOX

Deve ser uma vida divertida... a de escrava favorita... Todos os privilégios da nobreza e nenhum dos encargos. O seu patrão às vezes, quando Fidélia não estava, não lhe dizia que você é muito engraçadinha?

ETÉREA

O meu patrão, senhor, era um exemplo. *(Vendo que ele bebe mais uma vez.)* Você não está bebendo demais? *(O vinho cai pelo rosto de Capadox. Ele satisfeito.)*

CAPADOX

O bom vinho dá bom sangue, o bom sangue dá boa saúde. E boa saúde traz o bom humor e os bons pensamentos... Os bons pensamentos aproximam o homem de Deus... Eu lhe digo, Etérea, com um pouco de bom vinho é mais fácil afrontar as incógnitas do lado de lá. *(Estica o braço, põe o frasco no nariz dela.)*

ETÉREA
Tem certeza de que um gole? Minha promessa... O jejum.

CAPADOX
Os sacerdotes bebem vinho e não consideram quebrado o seu jejum. O vinho sempre foi sagrado. Prova!... *(Ela bebe um pouco, quase furtivamente. Põe as mãos na barriga.)*

ETÉREA
Que delícia.

CAPADOX
Viu? Não doeu nada! Mais um pouco.

ETÉREA
*(Bebe muito.)* Já começo a entender o seu pecado. Lavou todo o remorso. *(Bebe.)* Que prazer!...

CAPADOX
Que prazer do diabo. *(Ela que o olha.)* É um anjo negro, um anticristo, dono de um lugar chamado inferno, para onde todos iremos, se pecarmos. Atribuímos a ele todas as nossas culpas e erros, para sermos absolvidos pelo nosso Deus...

ETÉREA
Eu sei! *(Bebe.)* Que prazer do diabo... Você é diabólico!

CAPADOX

*(Põe o cabelo dela por cima da orelha.)* E você não viu nada, Etereazinha, precisava ter-me conhecido antes. Já não sou mais o mesmo, como dizia o demônio, logo depois da queda. *(Tenta beijá-la, ela foge.)*

ETÉREA

Ah, não... Por favor, chega... Ainda não resolvi viver.

CAPADOX

*(Puxa o tablete, morde um pedaço.)* Nem eu lhe pedi isso. Apenas uma despedida de tudo que era bom na vida. Há quantos dias você não se alimenta?

ETÉREA

Há exatamente 72 horas...

CAPADOX

Não digo o estômago... o estômago resiste bem. A... alma.

ETÉREA

*(Hesita.)* Há mais de uma semana...

CAPADOX

E você parte assim, sem uma lembrança afinal, sem experimentar, pelo menos uma vez, um último prazer...

ETÉREA
Eu experimentei um último prazer...

CAPADOX
Sabendo que era o último? *(Afaga-a agora, na orelha.)* Tudo o que você já sentiu antes, no coração e no que reveste o coração, o seio... agora... uma vez mais... com a sensação do pecado... com o terror de trair sua alma... enquanto ela adormece. *(Vai beijando-a.)* Uma última vez... a mais intensa... *(Empurra-lhe a garrafa. Ela bebe.)*

ETÉREA
Oh, não... *(Mas bebe. Vai-se deixando beijar.)* Oh. Não... eu sou tão fraca.

CAPADOX
Uma vezinha só... A derradeira... depois a morte. Se você ainda quiser a morte. *(Agora os dois se beijam violentamente. Ele deita-se por cima dela.)*

ETÉREA
*(Empurrando.)* Oh, não, oh, não... meu bem... *(Homem abre os braços, desolado. Ela que indica.)* Aqui não... meu bem...Vamos lá fora... *(Aponta por onde ele entrou.)*

CAPADOX

Por aí é muito longe. Saímos por aqui.

ETÉREA

Não abre mais...

CAPADOX

Deixa comigo... *(Dá dois toques no ferrolho e a porta se abre, ele apaga sua lâmpada. A luz do luar bem forte, quase dia, descendo as escadinhas, incide sobre os dois.)* Eu tinha me esquecido, é lua cheia. *(Os dois ficam parados sob a lua. Ele a beija, longamente.)* Vamos.

ETÉREA

*(Olha para Fidélia.)* Perdão, patroa... *(Vai andando um pouco de costas, começa a subir as escadas.)* Vamos, vamos. *(Súbito, pára.)* Meu bem...

CAPADOX

Han?

ETÉREA

Meu bem... como é mesmo o teu nome? *(Quando ele responde, os dois já estão fora de cena. Uma pausa. Etérea que entra de novo. Faz o sinal-da-cruz. Sai. Depois de um momento, Fidélia acorda. Olha em torno, tonta. Se ergue, cambaleia.)*

**Fidélia**

Etérea, traz o meu desjejum. Figos, romãs, vinho de Chipre e um pouco de hidromel... *(Olha em torno.)* Onde estou eu? *(Vendo Potêncius.)* Ah, ainda aqui. Etérea. Etérea. Onde é que se meteu? *(Olha o buraco por onde entrou Capadox.)* Como terá ela? Etérea! *(Se volta para o outro lado. Vê a porta aberta.)* Que coisa mais estranha. A porta não abria... Mas que noite bonita, a lua, de mistério e sonho, rondando azul no espaço. Alguns astros perdidos e aquela estrela que tem tanto nome. *(Recua horrorizada.)* Oh, que horror. Que visão tenebrosa! Pareceu-me avistar uns homens enforcados, seus corpos sem vida balançando no espaço, azuis da própria morte, azuis da luz da lua... Os astros iluminam tudo indiferentemente. A morte leva tudo indiferentemente. *(Vê no chão vestígio de comida e o frasco de vinho vazio.)* O mistério se adensa. Ela comeu. Ela bebeu. Onde teria arranjado mantimentos? Com que intenção se foi? *(Grita no buraco.)* Etérea! *(Há um eco.)* Etéreeeea! *(O eco respondeu de novo.)* É divertido, ao menos. Partiu pra sempre. Julgou-me morta. Julgou-me morta! E onde arranjou isto? Ela não partiria... Estarei morta? Mas mesmo assim... ela devia ter ficado. Que motivo tão forte a teria convencido, ela com quem tanto insisti para que me deixasse? Ofereci-lhe tudo para que me deixasse. Não havia mais nada que eu lhe pudesse oferecer. Ou por acaso havia? Não desejei jamais seu sacrifício. Mas abandonar-me assim, sozinha. Ou será que ela volta? Ou será que está perto? Como é que conseguiu abrir a porta? Será que de propósito não fechou direito? Não, fui eu que fechei. Há quanto tempo terá partido? Etérea! Etérea! *(Grita pela porta.)* Etéreeeeeeea! *(Ouvem-se passos lá fora. Os passos diminuem de velocidade ao se aproximar da tumba. Lentamente, vêem-se pernas de um homem que descem as escadas, param. Só se vêem as pernas, fortes e viris, até a altura do saiote romano.)*

**Fidélia**

Por Vênus, um soldado!

**Capitão**

Um capitão, madame. Comando uma coorte. Que faz aqui? Ainda que mal pergunte.

**Fidélia**

Eu, bem, de uma certa maneira eu vivo aqui... melhor dizer, eu moro aqui. Eu morro aqui!

**Capitão**

*(Desce. É um homem de aproximadamente trinta anos, alto, forte, belo.)* Perdão, senhora, numa tumba?

**Fidélia**

Numa tumba, é.

**Capitão**

E o cavalheiro aí? É seu parente?

**Fidélia**

Velo o corpo do meu amado esposo.

**Capitão**

Perdão, senhora. Beijo-lhe as mãos. Minhas sinceras condolências.

**Fidélia**

Eu lhe agradeço.

**Capitão**

Posso ajudar em algo? Ao menos não tinha mais ninguém para ficar consigo: irmã, prima, cunhada? A senhora, ficou só no mundo?

**Fidélia**

Vim para cá pra ficar só no mundo. Foi meu marido e eu o amei como ninguém jamais amou o próprio esposo.

**Capitão**
Ouvi dizer que é dificílimo. Não sei, não sou casado. Jamais senti a tentação do matrimônio neste meu ofício solitário.

**Fidélia**
Está sozinho também, aqui tão longe?

**Capitão**
Eu e um centurião, lá em cima. Se a comparação não a ofende, também velamos uns falecidos.

**Fidélia**
Não entendi, desculpe...

**Capitão**
Três cristãos, enforcados. Foram apanhados grafitando peixe nas paredes. Foram condenados à morte. Estão lá fora, pendurados numa figueira brava, num plátano senil e num sobral vermelho; negaram tudo enquanto tinham vida, mas lá estão pendurados e, quando o vento sopra, eles movem a cabeça dizendo sim a tudo que queremos...

**Fidélia**
*(Em tom onírico.)* Banhados pela luz da lua. Esse mesmo luar que suaviza a forma dos amantes. Então eu vi. Não delirava. *(Pausa.)* Eu guardo

o corpo de um ser querido. Por que guardas o corpo do inimigo?

**Capitão**
Um costume que nós romanos imitamos dos gregos. Uma vergonha! Estamos aí para evitar que os cristãos os enterrem. E é uma tarefa ingrata, pelas chagas de Cristo!

**Fidélia**
Capitão!

**Capitão**
*(Caindo em si.)* Oh. Sim. É impossível evitar. Lidamos com esses marginais há tanto tempo que acabamos influenciados. *(Pausa.)* Está aqui há muito tempo?

**Fidélia**
Já nem sei quanto.

**Capitão**
E não vêm revezá-la?

**Fidélia**
Ficarei sozinha até o fim.

**Capitão**
Que fim, senhora? Ele já não morreu? Que fim espera?

FIDÉLIA
O meu fim, capitão. Estou sendo dramática?

CAPITÃO
Enigmática. Um momento, já estou entendendo. É uma promessa! É uma promessa! Morre de inanição?

FIDÉLIA
*(Leva a mão à testa.)* Já não está muito longe. Poderia, agora, deixar-me a sós com ele?

CAPITÃO
Desculpe, não. Sou um romano, um patrício romano, e um capitão do exército de Roma. Não posso abandonar assim uma mulher... tão jovem, entregue a um desvario ocasional. Nossos regulamentos, madame, não permitem.

FIDÉLIA
Capitão, não interrompa a paz em que me encontro. Respeito os seus princípios. Mas quero acompanhar na morte aquele que foi tudo para mim.

CAPITÃO
É um desvario, eu digo. Não permito.

**Fidélia**

Capitão, por favor, não se intrometa. O morto é meu e a vida é minha; faço de ambos o que bem quiser...

**Capitão**

Lá fora sim, madame, a quilômetro e meio desta área. Aqui eu não permito: é zona militar. Só morre quem o exército mata ou permite morrer.

**Fidélia**

Nem na morte escapamos ao militarismo romano? *(Senta-se.)* Ai, não agüento mais... Perdão... Ali no canto. O senhor encontrará a ordem do pretor. Creio que uma autoridade maior do que a sua. *(O capitão avança, olha o rolo.)*

**Capitão**

O direito é seu, senhora. Não deixo porém de lamentar...

**Fidélia**

Mas não aqui, capitão. Lamente-se lá fora, com seus próprios mortos. Me perdoa, Potêncius.

**Capitão**

Apenas argumento. Você já o acompanhou até aqui. Não basta?

**Fidélia**

Não posso mais voltar. Estou muito longe.

**Capitão**

Já que não posso impedi-la, permita-me que a assista.

**Fidélia**

Eu quero ficar só, eu disse.

**Capitão**

Se me expulsa... Me expulsa?

**Fidélia**

O senhor me perturba. Há tanto tempo que não vejo gente. Quero ficar sozinha sem o aceno da vida que o senhor representa. Capitão, tenho uma missão a cumprir e vou cumpri-la. Só peço que não a torne mais difícil. Não me diga nada que lembre a lua... Não me venha com suas sugestões de vida... de músculos cheios de vida. Oh, já nem sei o que digo. *(Fecha os olhos. Fica assim, de olhos fechados.)*

**Capitão**

Está com sono?

**Fidélia**

Fecho os olhos para não olhá-lo.

**Capitão**

*(Faz menção de sair.)* Madame, não quero ser cruel. Se a simples visão de um oficial do exército a deixa nesse estado, eu me retiro. Mas ficarei aí, à distância de um grito. Ou, mais seguro ainda, perto como um gemido. Estarei tão alerta que o primeiro sinal de arrependimento acelere o meu pulso. Antes que me retire, porém, senhora, lhe digo o que não posso calar; morra sabendo que a última visão que deixou no olhar de alguém foi uma visão de encanto irresistível!

**Fidélia**

Lisonja, capitão, estou tão horrorosa. *(Se ajeita.)* Oh, onde está meu pente? *(O capitão lhe empresta um pente, ela se penteia.)*

**Capitão**

Digo a verdade; parei ali na escada, com o coração na boca. Ao descer os degraus senti que penetrava no impossível. Não lhe falto ao respeito. Não abuso da solidão de uma mulher tão bela. Não pretendo enganar uma mulher que morreu. Ali El Faroum, o soldado da lenda, não encontrou na caverna uma mulher mais bela.

**Fidélia**

Capitão, zombando de uma pobre dona!

CAPITÃO
Pelo sol que brilhou na minha infância.

FIDÉLIA
E o que é que eu faço agora; lhe agradeço?

CAPITÃO
Só uma combinação de signos estranhos daria tanto encanto a uma pessoa. Oh, estou me excedendo: o seu nome, senhora? Se vou deixá-la aqui quero levar seu nome.

FIDÉLIA
Capitão, lhe peço, não alvoroce minha alma já tão enfraquecida. Estou sendo sincera. É difícil resistir às vibrações da vida. Mas eu estou disposta a acompanhá-lo para a eternidade.

CAPITÃO
O que você quer é morrer bela e jovem para a sua eternidade também ser assim. Pela última vez...

FIDÉLIA
Minha mãe, meu pai, todos os que me são caros imploraram em vão para que eu desistisse.

CAPITÃO
Sua mãe, seu pai, Potêncius, isso tudo é passado. Sou um homem direto, falo claro! O que eles

tinham a oferecer em carinho e prazer, o que tinham pra dar já foi dado algum dia. Nada mais. Senhora, se me permite a presunção da forma: represento o futuro. O carinho futuro, a proteção futura, a alegria futura, a alegria futura. Eu sou todo futuro, a começar de agora.

**Fidélia**

Eu estou num leilão entre a morte e a vida? *(Ele se aproxima dela, carinhoso. Ela que o refuga.)* Saia, capitão, saia. Não estou em condições de...

**Capitão**

Se assim quer... Se está bem certa... seu nome, senhora?

**Fidélia**

Fidélia.

**Capitão**

Fidélia, permita que eu lhe fale apenas mais um instante.

**Fidélia**

Se eu deixar que fale, estou perdida. Vá. Por favor. Ah, eu bem sabia que tinha que morrer de pressa!

**Capitão**

*(Ao cadáver.)* Ave, Potêncius, que mesmo morto pode mais que a vida. Que alegrias incríveis deste a ela que não deseja mais experimentar nenhuma outra? Ou foi uma vida de tal melancolia que ela perdeu a esperança para sempre? Senhora, parto. Desculpe se vim interromper sua agonia. Deixando-a morrer o certo é que eu também morro um pouco. Assim, de moribundo para moribundo, eu lhe ofereço um gole deste vinho.

**Fidélia**

Vinho, eu, capitão?

**Capitão**

Você.

**Fidélia**

Aqui?

**Capitão**

Você. Aqui, o vinho. Um gole.

**Fidélia**

Já lhe disse, não posso.

**Capitão**

O vinho é excelente.

**Fidélia**
É o que eu temo.

**Capitão**
*(Bebe.)* Já me enganei. É um vinho de terceira.

**Fidélia**
Eu o acharia excelente de qualquer maneira.

**Capitão**
Um gole só, exijo.

**Fidélia**
Por Júpiter, meu capitão, lhe peço.

**Capitão**
Meu deus é Marte e não a escuta. Bebe. *(Ampara-lhe a cabeça, aproxima o odre que tem a tiracolo.)* Uma gota!

**Fidélia**
Não. Nunca! *(Tira a cabeça.)*

**Capitão**
Não pretendo tentá-la. Um brinde apenas. Eu bebo à sua morte, você à minha vida.

**Fidélia**
*(Inspira. Súbito agarra o odre e bebe.)* Oh, deuses, perdoai-me. *(Bebe de novo.)* Não é preciso

se morrer de tudo. Eu vou morrer de inanição e pronto. *(Ofega. Põe a cabeça nas mãos.)*

**Capitão**
Que foi?

**Fidélia**
Eu bem que não queria.

**Capitão**
Está se sentindo mal?

**Fidélia**
*(Bebe um pouco mais. O capitão também bebe um pouco mais, feliz.)* Me sinto muiiiiito bem. *(De agora em diante tem as reações naturais a uma leve embriaguez.)* Hummm. O vinho bate agora no meu seio.

**Capitão**
E brilha nos teus olhos.

**Fidélia**
Acelerou-me o pulso.

**Capitão**
E acelerou-me todo. *(Tenta beijá-la. Ela recusa.)*

**Fidélia**
*(Olha o odre.)* É um bonito odre.

CAPITÃO
Ganhei-o de uma prima. *(Fidélia ri maliciosa.)*

FIDÉLIA
Você é desses que jogam com o ciúme por antecipação? *(Matreira.)* Eu te conheço, capitão.

CAPITÃO
Agora, come. *(Abre o bornal.)* Isto é excelente. É uma ração compacta que nos dão agora. Uma mistura de leite de jumenta, cálcio de hóstia e um pouco de ambrosia. Experimenta.

FIDÉLIA
*(Recusa.)* Muito obrigada, não.

CAPITÃO
Agora é tarde. *(Oferece. Ela come um pedaço.)*

FIDÉLIA
Bom! Dê-me mais vinho, capitão, eu me sinto tão bem. *(Ele dá. Ela bebe.)* Já ouço o borbulhar do instinto nas grutas na razão. Vinho é uva e sol?

CAPITÃO
E terra.

FIDÉLIA
*(Gesto.)* Uma frutinha assim nos muda tanto. Que uvas malandrinhas! Despertam em mim o que eu já achava extinto.

CAPITÃO

*(Oferece mais vinho.)* Deixe que a chama cresça.

FIDÉLIA

*(Olhando a porta, um pouco assustada.)* A cidade me olha.

CAPITÃO

O luar te ilumina.

FIDÉLIA

Você...

CAPITÃO

Onde você arranjou essa voz, cheia de esquinas? Cada recanto estranho. *(Ele vai fazendo carinho no rosto dela, com um dedo.)*

FIDÉLIA

Você me interrompeu. Eu ia perguntar...

CAPITÃO

O quê? Pergunta tudo.

FIDÉLIA

Você é belo ou feio?

CAPITÃO

Belíssimo!

**Fidélia**

É o que eu acho também. Mas já não creio em mim depois de tal fastio. Eu queria morrer... *(Chora.)*

**Capitão**

Queria. *(Ele encosta o rosto no dela.)*

**Fidélia**

*(Sentindo-se bem.)* Queria... *(Ri.)* Meu coração palpita novamente. Começo a achar estranho tudo que eu queria. Tão distante... Que foi mesmo que eu disse que queria?

**Capitão**

Já me esqueci. Você já se esqueceu. Não há ninguém que lembre. *(Agarra-a, beija-a na boca, violentamente. Ela resiste um pouco, logo se entrega. A lua some um instante, logo volta.)*

**Fidélia**

Agora me recordo! *(Beijam-se de novo. A lua some outra vez, logo volta.)*

**Capitão**

A lua me protege.

**Fidélia**

E o que é que eu digo agora? Ah, sim, eu tinha me esquecido que homem é confortável. *(Os dois se beijam furiosamente rolam para trás do cadafalso. Somem. Vêem-se apenas seus pés.)*

CAPITÃO

Você usa seus pés com tanta graça! *(A lua some. Entra Etérea trazendo na mão um pequeno odre com óleo. Fala, baixinho.)*

ETÉREA

Madame, eu vim aqui dizer... Madame... uma vez mais... eu só queria. *(Estranha. Põe óleo na tocha. Luz que se acende. Ela vê o casal, recua como quem vai sair.)* Há uma caravana de homens passando por aqui. Que campa mais movimentada. *(Vai saindo.)*

FIDÉLIA

Que é? Que foi? *(O capitão se põe de pé, de um salto, contrafeito. Fidélia se levanta, ajeitando-se. Apóia-se no sarcófago.)* Você voltou, Etérea?

ETÉREA

Eu tinha que voltar, madame, eu sou um pombo. Fui só até lá fora... eu precisava.

CAPITÃO

Fidélia, me permita... eu vou buscar minha... ver a guarda... Depois... *(Os dois extremamente contrafeitos. Ele sai.)*

**Etérea**

*(Voltando a si.)* Oh, perdão mil perdões... iiii... Só agora percebo, era eu quem devia sair. Capitão! Capitão! Ele volta, senhora?

**Fidélia**

Volta... isto é, acho que volta. Etérea, quero que compreendas...

**Etérea**

Eu já entendi, madaminha. E estou tão feliz que tenha desistido.

**Fidélia**

Não sei se desisti... Não estou bem certa... Na verdade nunca estive tão atrapalhada em toda a minha vida. Você, minha fiel criada... Lhe devo explicação...

**Etérea**

A uma escrava, senhora?

**Fidélia**

A uma amiga. Não quero que você pense... Foi tudo um grande acaso.

**Etérea**

É o que estou pensando, senhora. O acaso também aconteceu comigo.

Fidélia

Você vê que é à força do destino... o capitão que estava aqui, de guarda... exatamente aqui... é um primo meu, distante... E de repente, apareceu... Eu estava tão fraca... De uma certa forma foi uma violência. Será um estupro? *(Rápido para sair da encrenca.)* Quem te tirou daqui?

Etérea

Um cristão que por acaso ia passando.

Fidélia

*(Assustada.)* Há cristãos por aqui?

Etérea

Apenas um, madame, e já domesticado. Eu vi que devia impedir a entrada dele, madame. Mas os homens entram tão depressa! Esse tinha uma conversa capaz de convencer um galo a não cantar no nascer do dia. Pôs-se a me consolar, e, quando eu dei por mim, me consolava toda.

Fidélia

E agora, então, é um outro dia...

Etérea

Um dia a mais, madame, não um dia a menos... Eu vinha apenas chorar um pouco mais com a senhora. E quando entrei fiquei ruborizada de alegria. É um belo capitão!

FIDÉLIA

Subitamente meu coração bateu de novo como antigamente... o mundo voltou a ser de novo verde, vermelho, azul, e não apenas a ciclame como há meia hora.

ETÉREA

Então, podemos retirar-nos. Vai ser bom respirar outra vez o pó da estrada e ferir os pés nas pedras do caminho.

FIDÉLIA

Etérea, o coração é uma excentricidade. Gostaria de partir ficando um pouco, de ir sem abandoná-lo. Potêncius, me perdoa... Oh, Etérea, dai-me forças... Eu sinto que inda não posso abandoná-lo. Dai-me forças.

ETÉREA

Eu chamo o... capacete.

FIDÉLIA

Oh, não... apenas não posso retirar do meu espírito a idéia de que é uma traição largá-lo assim.

ETÉREA

Ele está bem aqui... Há abundância de espaço... Até alguma luz e ar bastante puro se a porta fica aberta...

**Fidélia**
Você está bem certa?

**Etérea**
Bem certa.

**Fidélia**
Adeus, então, Potêncius. Quem sabe, um dia... Para a vida, Etérea!... *(O capitão vem descendo, cabisbaixo. Com semblante em desespero concentrado, sem apelo. Uma força incombatível desceu sobre ele. Não adianta lutar.)*

**Capitão**
Para a morte, Fidélia!

**Fidélia**
Que foi, que aconteceu... meu bem? Em tua face muitos anos se passaram desde que você saiu, há alguns instantes. Trocamos de angústias em tão poucos momentos... Onde você deixou sua outra face?

**Capitão**
Troco minha vida pela tua... Não era o que eu queria... Amo demais a vida para ofertá-la a alguém... Mas vai, agora é tarde demais... Vai, antes que minha amargura exploda, te mostrando minha alma em seu pior momento...

**Fidélia**

Que foi? Me diga! Que dor se abateu, assim, pesada, sobre a tua cabeça? Me diz, me conta!

**Capitão**

Fui condenado à morte.

**Fidélia**

Que destino infeliz, o meu! Abandono um cadáver, e logo ele me acena com a perspectiva de um cadáver novo. Oh, Potêncius, que vingança mesquinha! Que foi que aconteceu? Me conta logo!

**Capitão**

Roubaram um dos meus corpos. Enquanto eu estava aqui, o centurião roncava. Alguém, de vigília, aproveitou a noite, a velha lua que dormia um instante por trás de algumas nuvens, o soldado leviano, o capitão que divagava nas furnas da concupiscência e, quando eu voltei lá, a forca sem ninguém balançava cheia de ironia e aos meus olhos surgia em letras negras, garrafais, o Parágrafo III, Artigo Segundo do RDER.

**Fidélia**

Que vem a ser?

Capitão

Regulamento Disciplinar do Exército Romano. "Todo aquele que malbaratar, usar para indevidos fins ou alienar bens sob sua guarda, todo aquele que deixar escapar prisioneiros sob sua guarda, vivos ou já executados, será submetido à Corte Marcial." Pena de morte. A forca!

Fidélia

Na forca esse pescoço delicado? Oh, não! *(Abraça-o.)* Você está certo disso?

Capitão

Tão certo quanto do sol girar em torno a Terra.

Fidélia

Você não pode pôr a culpa no soldado?

Capitão

Farei todo o possível. E não por egoísmo. Todos compreendem que um capitão é menos prescindível do que um soldado para a glória e a potência do exército romano. Mas não creio que haja salvação, que me perdoem. Atualmente há nessas cortes uma terrível infiltração de idéias democráticas. Coisas de gregos. Fazem, criminosamente, os responsáveis. Ignorantes, primários, sem senso de responsabilidade, virar juízes. Se não olhamos tudo, levam qualquer exército à bancarrota. Você viu agora, desci aqui apenas um minuto...

**Fidélia**

Você desceu aqui apenas um minuto.

**Etérea**

*(Perplexa.)* Um minuto, madame...?

**Fidélia**

Etérea, por favor, deixe de pôr os is nos nossos pingos.

**Capitão**

Pareceu-me um minuto. Talvez tenham sido horas. Estava tão enlevado. Ai, não há por que culpar os outros. Sou o grande culpado. Não resisti a teus encantos, relaxei meu dever, cedi na hora errada. Tirei-te do instante em que morrias, joguei-te no instante em que eu morro. É sempre assim. O amor é um barco que em geral afunda.

**Fidélia**

Não sei quem mais errou. Também não resisti e transgredi algo mais forte do que o teu regulamento. Estava aqui e, ao contrário de você, que teme ante a perspectiva da morte, eu a esperava com ansiedade. E logo, tomada de desejo, desprezei os votos que achava inquebrantáveis e traí aquele que, em vida, jamais me traiu sequer em pensamento...

**Etérea**
Perdão, madame, mas não era de crer, em homem de tal magnitude...

**Fidélia**
Que é que você disse?

**Etérea**
Nada, saiu sem querer. Fica por não ter dito. Oh, boca!

**Fidélia**
O que foi dito não pode ser desdito. Vamos, fala! Agora que você é meio cristã. *(O capitão olha, desconfiado.)* Estamos num confessionário. *(Os dois esperam.)*

**Etérea**
O que eu quero dizer é que ou o patrão não era tanto quanto tanto quanto ou se era tanto não poderia passar dias, e até, lá fora... Oh, boca!

**Fidélia**
Etérea, proíbo-lhe que me venha com as suas matemáticas. E de agora em diante, cale a boca.

**Etérea**

Estou de acordo. Eu também acho. Já me calei. E se pudesse calava ainda a mais, mas ninguém pode se calar em dobro.

**Capitão**

Se está tão arrependida... pode voltar a ele. Nada a impede agora. Entre um morto e outro é preferível velar o mais antigo.

**Fidélia**

Depois do acontecido?

**Capitão**

Eu morto, quem saberá de nada? Com minha morte lhe devolvo sua reputação intacta.

**Fidélia**

Assim, minha dignidade vai e volta? O dito por não dito? Quem você pensa que sou? Que eu estava aqui à espera de um jovem capitão garboso? Que eu não era sincera? Oh, que vontade de morrer de novo. Apenas não tenho mais por quê. Você me tirou o motivo da morte e agora tira também a vontade de viver. Minha alma é uma gangorra?

**Etérea**

Como é bonito brigar quando se sabe certo!

Capitão

*(Levanta-se. Bebe um gole. Prepara-se para sair. Põe um pé no degrau.)* Se alguma coisa me alegra é impedir tua morte. Não sei como um homem como ele não se levantou para te obrigar a viver. Perdoa se fui rude, se parecia covarde. A morte não me assusta, ou só me assusta agora que encontrei meu destino. Só dou azar na merda desta vida. Esquece, amada.

Fidélia

Você inda me ama?

Capitão

Meu medo e meu amor são uma coisa só. Já disse: só lamento morrer por perder o que encontrei agora. Interromper assim nossas carícias quando ainda não tínhamos trocado todas as nossas mútuas possibilidades. O que o amor vai perder de novidades, quem jamais saberá?

Etérea

*(Com medo.)* Senhora, e se o capitão fugisse?

Capitão

*(Fingindo desconhecê-la.)* Afinal, quem é essa abominável criatura?

**Fidélia**
Não a maltrate assim. É o meu bom senso. E se fugisses?

**Capitão**
Fugir? Nunca ouvi essa palavra. O que é que quer dizer?

**Fidélia**
Roma é bem vasta. Em qualquer parte do império, esquecidos do que somos poderemos ser o que quisermos.

**Capitão**
Roma não é um império. É uma ideologia. Está onde estamos, estará onde estivermos. E eu prefiro morrer com meu nome a procurar sobreviver no anonimato. A vida é exibi-la. A humildade não me tenta, amiga. Não quero ser judeu num mundo de cristãos. *(Pára. Depois pergunta, como achando impossível.)* Civil você me quereria?

**Fidélia**
Eu amo um capitão ou amo um homem?

**Capitão**
*(Hesita, tenta sair, afinal se decide.)* O dia se aproxima. Adeus, Fidélia.

**Fidélia**
Não vá ainda. Pelo menos ainda. Enquanto há tempo, há esperança. Não quero acreditar. Fica comigo um pouco. Qual é o prazo fatal?

**Capitão**
O dia. O despertar do dia. Uma outra guarda virá tomar meu posto.

**Fidélia**
Então espera. Diana há de nos proteger.

**Etérea**
Ou Jesus Cristo!

**Capitão**
Shhhhhhiiiiiiuuu! Além disso é cristã?

**Fidélia**
Experimenta.

**Capitão**
Fora daqui.

**Fidélia**
Fica lá fora e anuncia quando o sol surgir no horizonte. Pede à noite que pare apenas uma hora.

**Etérea**
Madame, eu tinha um encontro.

Fidélia

Etérea! *(Etérea sai, de costas, inclinando-se. Fidélia senta, puxa o capitão pela mão. Ele continua de pé, recusa-se a sentar. Ela segura-lhe as mãos. Como falando a Potêncius.)* Meu nome é solidão, amigo. Por muito pouco tempo encontrei um amor que me enchia os dias...

Capitão

*(Soltando-se.)* Fidélia, chega! *(Puxa a espada, curta.)* Poupe aos meus últimos instantes o louvor de suas mil batalhas. *(Refere-se a Potêncius.)*

Fidélia

*(Levanta-se.)* Que é que você está dizendo?

Capitão

Minhas últimas palavras. De uma forma ou de outra, César, Cássio, Brutus não encontraram a morte assim? Segura!

Fidélia

Eu não! Você não pode fazer isso!

Capitão

Você prefere que me pendurem como um degradado? Vamos, segura firme, assim, com as duas mãos.

**Fidélia**

Eu não tenho forças! *(Recua. Ele a encurrala num canto da parede.)*

**Capitão**

Segura, vamos! *(Ela segura a pequena espada com a mão direita, sem muita convicção. Treme. Ele encosta o abdome na ponta da espada, de frente para ela, coloca as duas mãos no cangote de Fidélia. Puxa-a para si, fazendo pressão com a espada contra o próprio corpo.)* E com um beijo, eu morro! *(Faz força para enterrar. Mas estão mais preocupados com o beijo. Ela deixa cair a espada enquanto os dois trocam um beijo violento. A mão dele avança em carinhos sensuais. Os dois caem no chão, lentamente, na posição em que estavam antes, por trás do esquife de Potêncius. Só se vêem os pés dos dois em convulsões estranhas. O brilho do dia começa a entrar vagamente pela abertura da porta. Um galo canta. Aparece Etérea, que desce lentamente as escadas.)*

**Etérea**

Que hora mais solene! Patroa! Patroa! *(Mais alto.)* Madame! *(Vê o que está acontecendo, resolve sair discretamente. Súbito Fidélia se levanta, cheia de alegria.)*

**Fidélia**

*(Ajeitando os cabelos e as roupas.)* Meu bem, achei!

**Capitão**

*(Sentado.)* Que foi?

**Fidélia**

*(De novo se ajoelha junto dele.)* Quase ninguém na vida encontra um grande amor. Eu, sobre quem a Fortuna roçou duas vezes a asa do seu manto, não posso desprezá-la. Perdi um amor, não posso perder outro...

**Capitão**

*(De joelhos, na mesma posição que ela.)* Fidélia, o dia já desponta...

**Fidélia**

Você bem disse: não sei como um homem como ele não se levanta e te obriga a viver. Pois bem, Potêncius se levanta! *(Ela vai ao cadafalso.)*

**Capitão**

Potêncius se levanta? Estou ouvindo bem, Fidélia?

**Fidélia**

Foi o que me disse: o céu é muito alto, a coisa é aqui na Terra. Vamos, enquanto nos amarmos, nem morte pra você, nem solidão pra mim. *(Ele a beija furiosamente, ela retribui. Ela segura o corpo pelo ombro. Os dois carregam o corpo.)*

**Etérea**

Pra não perder o vivo, madame enforca o morto: uma barganha!

**Fim**

## Sobre o autor

Millôr Fernandes nasceu no Rio de Janeiro, em 1924. Estreou muito cedo no jornalismo, do qual veio a ser um dos mais combativos exemplos no Brasil. Suas primeiras atividades na imprensa foram em *O Jornal* e nas revistas *O Cruzeiro* e *Pif-Paf*. Estudou no Liceu de Artes e Ofícios do Rio de Janeiro e, já integrado à intelectualidade carioca, trabalhou nos seguintes periódicos: *Diário da Noite*, *Tribuna da Imprensa* e *Correio da Manhã*, sofrendo, diversas vezes, censura e retaliações por seus textos. De 1964 a 1974, escreveu regularmente para *O Diário Popular*, de Portugal. Colaborou também para os periódicos *Correio da Manhã*, *Veja*, *O Pasquim*, *Isto É*, *Jornal do Brasil*, *O Dia*, *Folha de São Paulo*, *O Estado de São Paulo*, entre outros. Publicou dezenas de livros, entre os quais *A verdadeira história do paraíso*, *Poemas* (**L&PM** POCKET), *Millôr definitivo – A bíblia do caos* (**L&PM** POCKET) e *O livro vermelho dos pensamentos de Millôr* (**L&PM** POCKET). Suas colaborações para o teatro chegam a mais de uma centena de trabalhos, entre peças de sua autoria, como *Flávia, cabeça, tronco e membros* (**L&PM** POCKET), *Liberdade,*

*liberdade* (com Flávio Rangel) (**L**&**PM** POCKET), *O homem do princípio ao fim* (**L**&**PM** POCKET), *Um elefante no caos* (**L**&**PM** POCKET), *A história é uma história*, e adaptações e traduções teatrais, como *Gata em telhado de zinco quente*, de Tennessee Williams, *A megera domada*, de Shakespeare (**L**&**PM** POCKET), *Pigmaleão*, de George Bernard Shaw (**L**&**PM** POCKET), e *O jardim das cerejeiras* seguido de *Tio Vânia*, de Anton Tchékhov (**L**&**PM** POCKET). Millôr pode ser lido na revista *Veja* e no site www2.uol.com.br/millor/.

## Coleção L&PM POCKET

1. **Catálogo geral da Coleção**
2. **Poesias** – Fernando Pessoa
3. **O livro dos sonetos** – org. Sergio Faraco
4. **Hamlet** – Shakespeare / trad. Millôr
5. **Isadora, frag. autobiográficos** – Isadora Duncan
6. **Histórias sicilianas** – G. Lampedusa
7. **O relato de Arthur Gordon Pym** – Edgar A. Poe
8. **A mulher mais linda da cidade** – Bukowski
9. **O fim de Montezuma** – Hernan Cortez
10. **A ninfomania** – D. T. Bienville
11. **As aventuras de Robinson Crusoé** – D. Defoe
12. **Histórias de amor** – A. Bioy Casares
13. **Armadilha mortal** – Roberto Arlt
14. **Contos de fantasmas** – Daniel Defoe
15. **Os pintores cubistas** – G. Apollinaire
16. **A morte de Ivan Ilitch** – L.Tolstói
17. **A desobediência civil** – D. H. Thoreau
18. **Liberdade, liberdade** – F. Rangel e M. Fernandes
19. **Cem sonetos de amor** – Pablo Neruda
20. **Mulheres** – Eduardo Galeano
21. **Cartas a Théo** – Van Gogh
22. **Don Juan** – Molière / Trad. Millôr Fernandes
24. **Horla** – Guy de Maupassant
25. **O caso de Charles Dexter Ward** – Lovecraft
26. **Vathek** – William Beckford
27. **Hai-Kais** – Millôr Fernandes
28. **Adeus, minha adorada** – Raymond Chandler
29. **Cartas portuguesas** – Mariana Alcoforado
30. **A mensageira das violetas** – Florbela Espanca
31. **Espumas flutuantes** – Castro Alves
32. **Dom Casmurro** – Machado de Assis
34. **Alves & Cia.** – Eça de Queiroz
35. **Uma temporada no inferno** – A. Rimbaud
36. **A corresp. de Fradique Mendes** – Eça de Queiroz
38. **Antologia poética** – Olavo Bilac
39. **O rei Lear** – Shakespeare
40. **Memórias póstumas de Brás Cubas** – M. de Assis
41. **Que loucura!** – Woody Allen
42. **O duelo** – Casanova
44. **Gentidades** – Darcy Ribeiro
45. **Mem. de um Sarg. de Milícias** – M. A. de Almeida
46. **Os escravos** – Castro Alves
47. **O desejo pego pelo rabo** – Pablo Picasso
48. **Os inimigos** – Máximo Gorki
49. **O colar de veludo** – Alexandre Dumas
50. **Livro dos bichos** – Vários
51. **Quincas Borba** – Machado de Assis
53. **O exército de um homem só** – Moacyr Scliar
54. **Frankenstein** – Mary Shelley
55. **Dom Segundo Sombra** – Ricardo Güiraldes
56. **De vagões e vagabundos** – Jack London
57. **O homem bicentenário** – Isaac Asimov
58. **A viuvinha** – José de Alencar
59. **Livro das cortesãs** – org. de Sergio Faraco
60. **Últimos poemas** – Pablo Neruda
61. **A moreninha** – Joaquim Manuel de Macedo
62. **Cinco minutos** – José de Alencar
63. **Saber envelhecer e a amizade** – Cícero
64. **Enquanto a noite não chega** – J. Guimarães
65. **Tufão** – Joseph Conrad
66. **Aurélia** – Gérard de Nerval
67. **I-Juca-Pirama** – Gonçalves Dias
68. **Fábulas** – Esopo
69. **Teresa Filósofa** – Anônimo do Séc. XVIII
70. **Avent. inéditas de Sherlock Holmes** – A. C. Doyle
71. **Quintana de bolso** – Mario Quintana
72. **Antes e depois** – Paul Gauguin
73. **A morte de Olivier Bécaille** – Émile Zola
74. **Iracema** – José de Alencar
75. **Iaiá Garcia** – Machado de Assis
76. **Utopia** – Tomás Morus
77. **Sonetos para amar o amor** – Camões
78. **Carmem** – Prosper Mérimée
79. **Senhora** – José de Alencar
80. **Hagar, o horrível 1** – Dik Browne
81. **O coração das trevas** – Joseph Conrad
82. **Um estudo em vermelho** – Arthur Conan Doyle
83. **Todos os sonetos** – Augusto dos Anjos
84. **A propriedade é um roubo** – P.-J. Proudhon
85. **Drácula** – Bram Stoker
86. **O marido complacente** – Sade
87. **De profundis** – Oscar Wilde
88. **Sem plumas** – Woody Allen
89. **Os bruzundangas** – Lima Barreto
90. **O cão dos Baskervilles** – Arthur Conan Doyle
91. **Paraísos artificiais** – Charles Baudelaire
92. **Cândido, ou o otimismo** – Voltaire
93. **Triste fim de Policarpo Quaresma** – Lima Barreto
94. **Amor de perdição** – Camilo Castelo Branco
95. **A megera domada** – Shakespeare / trad. Millôr
96. **O mulato** – Aluísio Azevedo
97. **O alienista** – Machado de Assis
98. **O livro dos sonhos** – Jack Kerouac
99. **Noite na taverna** – Álvares de Azevedo
100. **Aura** – Carlos Fuentes
102. **Contos gauchescos e Lendas do sul** – Simões Lopes Neto
103. **O cortiço** – Aluísio Azevedo
104. **Marília de Dirceu** – T. A. Gonzaga
105. **O Primo Basílio** – Eça de Queiroz
106. **O ateneu** – Raul Pompéia
107. **Um escândalo na Boêmia** – Arthur Conan Doyle
108. **Contos** – Machado de Assis
109. **200 Sonetos** – Luis Vaz de Camões
110. **O príncipe** – Maquiavel
111. **A escrava Isaura** – Bernardo Guimarães
112. **O solteirão nobre** – Conan Doyle
114. **Shakespeare de A a Z** – Shakespeare
115. **A relíquia** – Eça de Queiroz
117. **Livro do corpo** – Vários
118. **Lira dos 20 anos** – Álvares de Azevedo
119. **Esaú e Jacó** – Machado de Assis
120. **A barcarola** – Pablo Neruda
121. **Os conquistadores** – Júlio Verne
122. **Contos breves** – G. Apollinaire
123. **Taipi** – Herman Melville
124. **Livro dos desaforos** – org. de Sergio Faraco
125. **A mão e a luva** – Machado de Assis

126.**Doutor Miragem** – Moacyr Scliar
127.**O penitente** – Isaac B. Singer
128.**Diários da descoberta da América** – C.Colombo
129.**Édipo Rei** – Sófocles
130.**Romeu e Julieta** – Shakespeare
131.**Hollywood** – Charles Bukowski
132.**Billy the Kid** – Pat Garrett
133.**Cuca fundida** – Woody Allen
134.**O jogador** – Dostoiévski
135.**O livro da selva** – Rudyard Kipling
136.**O vale do terror** – Arthur Conan Doyle
137.**Dançar tango em Porto Alegre** – S. Faraco
138.**O gaúcho** – Carlos Reverbel
139.**A volta ao mundo em oitenta dias** – J. Verne
140.**O livro dos esnobes** – W. M. Thackeray
141.**Amor & morte em Poodle Springs** – Raymond Chandler & R. Parker
142.**As aventuras de David Balfour** – Stevenson
143.**Alice no país das maravilhas** – Lewis Carroll
144.**A ressurreição** – Machado de Assis
145.**Inimigos, uma história de amor** – I. Singer
146.**O Guarani** – José de Alencar
147.**A cidade e as serras** – Eça de Queiroz
148.**Eu e outras poesias** – Augusto dos Anjos
149.**A mulher de trinta anos** – Balzac
150.**Pomba enamorada** – Lygia F. Telles
151.**Contos fluminenses** – Machado de Assis
152.**Antes de Adão** – Jack London
153.**Intervalo amoroso** – A.Romano de Sant'Anna
154.**Memorial de Aires** – Machado de Assis
155.**Naufrágios e comentários** – Cabeza de Vaca
156.**Ubirajara** – José de Alencar
157.**Textos anarquistas** – Bakunin
159.**Amor de salvação** – Camilo Castelo Branco
160.**O gaúcho** – José de Alencar
161.**O livro das maravilhas** – Marco Polo
162.**Inocência** – Visconde de Taunay
163.**Helena** – Machado de Assis
164.**Uma estação de amor** – Horácio Quiroga
165.**Poesia reunida** – Martha Medeiros
166.**Memórias de Sherlock Holmes** – Conan Doyle
167.**A vida de Mozart** – Stendhal
168.**O primeiro terço** – Neal Cassady
169.**O mandarim** – Eça de Queiroz
170.**Um espinho de marfim** – Marina Colasanti
171.**A ilustre Casa de Ramires** – Eça de Queiroz
172.**Lucíola** – José de Alencar
173.**Antígona** – Sófocles – trad. Donaldo Schüler
174.**Otelo** – William Shakespeare
175.**Antologia** – Gregório de Matos
176.**A liberdade de imprensa** – Karl Marx
177.**Casa de pensão** – Aluísio Azevedo
178.**São Manuel Bueno, Mártir** – Unamuno
179.**Primaveras** – Casimiro de Abreu
180.**O noviço** – Martins Pena
181.**O sertanejo** – José de Alencar
182.**Eurico, o presbítero** – Alexandre Herculano
183.**O signo dos quatro** – Conan Doyle
184.**Sete anos no Tibet** – Heinrich Harrer
185.**Vagamundo** – Eduardo Galeano
186.**De repente acidentes** – Carl Solomon
187.**As minas de Salomão** – Rider Haggar
188.**Uivo** – Allen Ginsberg
189.**A ciclista solitária** – Conan Doyle
190.**Os seis bustos de Napoleão** – Conan Doyle
191.**Cortejo do divino** – Nelida Piñon
194.**Os crimes do amor** – Marquês de Sade
195.**Besame Mucho** – Mário Prata
196.**Tuareg** – Alberto Vázquez-Figueroa
197.**O longo adeus** – Raymond Chandler
199.**Notas de um velho safado** – C. Bukowski
200.**111 ais** – Dalton Trevisan
201.**O nariz** – Nicolai Gogol
202.**O capote** – Nicolai Gogol
203.**Macbeth** – William Shakespeare
204.**Heráclito** – Donaldo Schüler
205.**Você deve desistir, Osvaldo** – Cyro Martins
206.**Memórias de Garibaldi** – A. Dumas
207.**A arte da guerra** – Sun Tzu
208.**Fragmentos** – Caio Fernando Abreu
209.**Festa no castelo** – Moacyr Scliar
210.**O grande deflorador** – Dalton Trevisan
212.**Homem do princípio ao fim** – Millôr Fernandes
213.**Aline e seus dois namorados (1)** – A. Iturrusgarai
214.**A juba do leão** – Sir Arthur Conan Doyle
215.**Assassino metido a esperto** – R. Chandler
216.**Confissões de um comedor de ópio** – T.De Quincey
217.**Os sofrimentos do jovem Werther** – Goethe
218.**Fedra** – Racine / Trad. Millôr Fernandes
219.**O vampiro de Sussex** – Conan Doyle
220.**Sonho de uma noite de verão** – Shakespeare
221.**Dias e noites de amor e de guerra** – Galeano
222.**O Profeta** – Khalil Gibran
223.**Flávia, cabeça, tronco e membros** – M. Fernandes
224.**Guia da ópera** – Jeanne Suhamy
225.**Macário** – Álvares de Azevedo
226.**Etiqueta na prática** – Celia Ribeiro
227.**Manifesto do partido comunista** – Marx & Engels
228.**Poemas** – Millôr Fernandes
229.**Um inimigo do povo** – Henrik Ibsen
230.**O paraíso destruído** – Frei B. de las Casas
231.**O gato no escuro** – Josué Guimarães
232.**O mágico de Oz** – L. Frank Baum
233.**Armas no Cyrano's** – Raymond Chandler
234.**Max e os felinos** – Moacyr Scliar
235.**Nos céus de Paris** – Alcy Cheuiche
236.**Os bandoleiros** – Schiller
237.**A primeira coisa que eu botei na boca** – Deonísio da Silva
238.**As aventuras de Simbad, o marújo**
239.**O retrato de Dorian Gray** – Oscar Wilde
240.**A carteira de meu tio** – J. Manuel de Macedo
241.**A luneta mágica** – J. Manuel de Macedo
242.**A metamorfose** – Kafka
243.**A flecha de ouro** – Joseph Conrad
244.**A ilha do tesouro** – R. L. Stevenson
245.**Marx - Vida & Obra** – José A. Giannotti
246.**Gênesis**
247.**Unidos para sempre** – Ruth Rendell
248.**A arte de amar** – Ovídio
249.**O sono eterno** – Raymond Chandler
250.**Novas receitas do Anonymus Gourmet** – J.A.P.M.
251.**A nova catacumba** – Arthur Conan Doyle
252.**Dr. Negro** – Arthur Conan Doyle
253.**Os voluntários** – Moacyr Scliar
254.**A bela adormecida** – Irmãos Grimm

255.**O príncipe sapo** – Irmãos Grimm
256.**Confissões *e* Memórias** – H. Heine
257.**Viva o Alegrete** – Sergio Faraco
258.**Vou estar esperando** – R. Chandler
259.**A senhora Beate e seu filho** – Schnitzler
260.**O ovo apunhalado** – Caio Fernando Abreu
261.**O ciclo das águas** – Moacyr Scliar
262.**Millôr Definitivo** – Millôr Fernandes
264.**Viagem ao centro da Terra** – Júlio Verne
265.**A dama do lago** – Raymond Chandler
266.**Caninos brancos** – Jack London
267.**O médico e o monstro** – R. L. Stevenson
268.**A tempestade** – William Shakespeare
269.**Assassinatos na rua Morgue** – E. Allan Poe
270.**99 corruíras nanicas** – Dalton Trevisan
271.**Broquéis** – Cruz e Sousa
272.**Mês de cães danados** – Moacyr Scliar
273.**Anarquistas – vol. 1 – A idéia** – G. Woodcock
274.**Anarquistas – vol. 2 – O movimento** – G. Woodcock
275.**Pai e filho, filho e pai** – Moacyr Scliar
276.**As aventuras de Tom Sawyer** – Mark Twain
277.**Muito barulho por nada** – W. Shakespeare
278.**Elogio da loucura** – Erasmo
279.**Autobiografia de Alice B. Toklas** – G. Stein
280.**O chamado da floresta** – J. London
281.**Uma agulha para o diabo** – Ruth Rendell
282.**Verdes vales do fim do mundo** – A. Bivar
283.**Ovelhas negras** – Caio Fernando Abreu
284.**O fantasma de Canterville** – O. Wilde
285.**Receitas de Yayá Ribeiro** – Celia Ribeiro
286.**A galinha degolada** – H. Quiroga
287.**O último adeus de Sherlock Holmes** – A. Conan Doyle
288.**A. Gourmet *em* Histórias de cama & mesa** – J. A. Pinheiro Machado
289.**Topless** – Martha Medeiros
290.**Mais receitas do Anonymus Gourmet** – J. A. Pinheiro Machado
291.**Origens do discurso democrático** – D. Schüler
292.**Humor politicamente incorreto** – Nani
293.**O teatro do bem e do mal** – E. Galeano
294.**Garibaldi & Manoela** – J. Guimarães
295.**10 dias que abalaram o mundo** – John Reed
296.**Numa fria** – Charles Bukowski
297.**Poesia de Florbela Espanca** vol. 1
298.**Poesia de Florbela Espanca** vol. 2
299.**Escreva certo** – E. Oliveira e M. E. Bernd
300.**O vermelho e o negro** – Stendhal
301.**Ecce homo** – Friedrich Nietzsche
302(7).**Comer bem, sem culpa** – Dr. Fernando Lucchese, A. Gourmet e Iotti
303.**O livro de Cesário Verde** – Cesário Verde
305.**100 receitas de macarrão** – S. Lancellotti
306.**160 receitas de molhos** – S. Lancellotti
307.**100 receitas light** – H. e Â. Tonetto
308.**100 receitas de sobremesas** – Celia Ribeiro
309.**Mais de 100 dicas de churrasco** – Leon Diziekaniak
310.**100 receitas de acompanhamentos** – C. Cabeda
311.**Honra ou vendetta** – S. Lancellotti
312.**A alma do homem sob o socialismo** – Oscar Wilde
313.**Tudo sobre Yôga** – Mestre De Rose
314.**Os varões assinalados** – Tabajara Ruas
315.**Édipo em Colono** – Sófocles
316.**Lisístrata** – Aristófanes / trad. Millôr
317.**Sonhos de Bunker Hill** – John Fante
318.**Os deuses de Raquel** – Moacyr Scliar
319.**O colosso de Marússia** – Henry Miller
320.**As eruditas** – Molière / trad. Millôr
321.**Radicci 1** – Iotti
322.**Os Sete contra Tebas** – Ésquilo
323.**Brasil Terra à vista** – Eduardo Bueno
324.**Radicci 2** – Iotti
325.**Júlio César** – William Shakespeare
326.**A carta de Pero Vaz de Caminha**
327.**Cozinha Clássica** – Sílvio Lancellotti
328.**Madame Bovary** – Gustave Flaubert
329.**Dicionário do viajante insólito** – M. Scliar
330.**O capitão saiu para o almoço...** – Bukowski
331.**A carta roubada** – Edgar Allan Poe
332.**É tarde para saber** – Josué Guimarães
333.**O livro de bolso da Astrologia** – Maggy Harrisonx e Mellina Li
334.**1933 foi um ano ruim** – John Fante
335.**100 receitas de arroz** – Aninha Comas
336.**Guia prático do Português correto – vol. 1** – Cláudio Moreno
337.**Bartleby, o escriturário** – H. Melville
338.**Enterrem meu coração na curva do rio** – Dee Brown
339.**Um conto de Natal** – Charles Dickens
340.**Cozinha sem segredos** – J. A. P. Machado
341.**A dama das Camélias** – A. Dumas Filho
342.**Alimentação saudável** – H. e Â. Tonetto
343.**Continhos galantes** – Dalton Trevisan
344.**A Divina Comédia** – Dante Alighieri
345.**A Dupla Sertanojo** – Santiago
346.**Cavalos do amanhecer** – Mario Arregui
347.**Biografia de Vincent van Gogh por sua cunhada** – Jo van Gogh-Bonger
348.**Radicci 3** – Iotti
349.**Nada de novo no front** – E. M. Remarque
350.**A hora dos assassinos** – Henry Miller
351.**Flush - Memórias de um cão** – Virginia Woolf
352.**A guerra no Bom Fim** – M. Scliar
353(1).**O caso Saint-Fiacre** – Simenon
354(2).**Morte na alta sociedade** – Simenon
355(3).**O cão amarelo** – Simenon
356(4).**Maigret e o homem do banco** – Simenon
357.**As uvas e o vento** – Pablo Neruda
358.**On the road** – Jack Kerouac
359.**O coração amarelo** – Pablo Neruda
360.**Livro das perguntas** – Pablo Neruda
361.**Noite de Reis** – William Shakespeare
362.**Manual de Ecologia** – vol.1 – J. Lutzenberger
363.**O mais longo dos dias** – Cornelius Ryan
364.**Foi bom prá você?** – Nani
365.**Crepusculário** – Pablo Neruda
366.**A comédia dos erros** – Shakespeare
367(5).**A primeira investigação de Maigret** – Simenon
368(6).**As férias de Maigret** – Simenon
369.**Mate-me por favor (vol.1)** – L. McNeil
370.**Mate-me por favor (vol.2)** – L. McNeil
371.**Carta ao pai** – Kafka
372.**Os vagabundos iluminados** – J. Kerouac
373(7).**O enforcado** – Simenon

374(8).**A fúria de Maigret** – Simenon
375.**Vargas, uma biografia política** – H. Silva
376.**Poesia reunida (vol.1)** – A. R. de Sant'Anna
377.**Poesia reunida (vol.2)** – A. R. de Sant'Anna
378.**Alice no país do espelho** – Lewis Carroll
379.**Residência na Terra 1** – Pablo Neruda
380.**Residência na Terra 2** – Pablo Neruda
381.**Terceira Residência** – Pablo Neruda
382.**O delírio amoroso** – Bocage
383.**Futebol ao sol e à sombra** – E. Galeano
384(9).**O porto das brumas** – Simenon
385(10).**Maigret e seu morto** – Simenon
386.**Radicci 4** – Iotti
387.**Boas maneiras & sucesso nos negócios** – Celia Ribeiro
388.**Uma história Farroupilha** – M. Scliar
389.**Na mesa ninguém envelhece** – J. A. P. Machado
390.**200 receitas inéditas do Anonymus Gourmet** – J. A. Pinheiro Machado
391.**Guia prático do Português correto – vol.2** – Cláudio Moreno
392.**Breviário das terras do Brasil** – Assis Brasil
393.**Cantos Cerimoniais** – Pablo Neruda
394.**Jardim de Inverno** – Pablo Neruda
395.**Antonio e Cleópatra** – William Shakespeare
396.**Tróia** – Cláudio Moreno
397.**Meu tio matou um cara** – Jorge Furtado
398.**O anatomista** – Federico Andahazi
399.**As viagens de Gulliver** – Jonathan Swift
400.**Dom Quixote** – (v. 1) – Miguel de Cervantes
401.**Dom Quixote** – (v. 2) – Miguel de Cervantes
402.**Sozinho no Pólo Norte** – Thomaz Brandolin
403.**Matadouro 5** – Kurt Vonnegut
404.**Delta de Vênus** – Anaïs Nin
405.**O melhor de Hagar 2** – Dik Browne
406.**É grave Doutor?** – Nani
407.**Orai pornô** – Nani
408(11).**Maigret em Nova York** – Simenon
409(12).**O assassino sem rosto** – Simenon
410(13).**O mistério das jóias roubadas** – Simenon
411.**A irmãzinha** – Raymond Chandler
412.**Três contos** – Gustave Flaubert
413.**De ratos e homens** – John Steinbeck
414.**Lazarilho de Tormes** – Anônimo do séc. XVI
415.**Triângulo das águas** – Caio Fernando Abreu
416.**100 receitas de carnes** – Sílvio Lancellotti
417.**Histórias de robôs:** vol. 1 – org. Isaac Asimov
418.**Histórias de robôs:** vol. 2 – org. Isaac Asimov
419.**Histórias de robôs:** vol. 3 – org. Isaac Asimov
420.**O país dos centauros** – Tabajara Ruas
421.**A república de Anita** – Tabajara Ruas
422.**A carga dos lanceiros** – Tabajara Ruas
423.**Um amigo de Kafka** – Isaac Singer
424.**As alegres matronas de Windsor** – Shakespeare
425.**Amor e exílio** – Isaac Bashevis Singer
426.**Use & abuse do seu signo** – Marília Fiorillo e Marylou Simonsen
427.**Pigmaleão** – Bernard Shaw
428.**As fenícias** – Eurípides
429.**Everest** – Thomaz Brandolin
430.**A arte de furtar** – Anônimo do séc. XVI
431.**Billy Bud** – Herman Melville
432.**A rosa separada** – Pablo Neruda
433.**Elegia** – Pablo Neruda
434.**A garota de Cassidy** – David Goodis
435.**Como fazer a guerra: máximas de Napoleão** – Balzac
436.**Poemas escolhidos** – Emily Dickinson
437.**Gracias por el fuego** – Mario Benedetti
438.**O sofá** – Crébillon Fils
439.**O "Martín Fierro"** – Jorge Luis Borges
440.**Trabalhos de amor perdidos** – W. Shakespeare
441.**O melhor de Hagar 3** – Dik Browne
442.**Os Maias (volume1)** – Eça de Queiroz
443.**Os Maias (volume2)** – Eça de Queiroz
444.**Anti-Justine** – Restif de La Bretonne
445.**Juventude** – Joseph Conrad
446.**Contos** – Eça de Queiroz
447.**Janela para a morte** – Raymond Chandler
448.**Um amor de Swann** – Marcel Proust
449.**À paz perpétua** – Immanuel Kant
450.**A conquista do México** – Hernan Cortez
451.**Defeitos escolhidos e 2000** – Pablo Neruda
452.**O casamento do céu e do inferno** – William Blake
453.**A primeira viagem ao redor do mundo** – Antonio Pigafetta
454(14).**Uma sombra na janela** – Simenon
455(15).**A noite da encruzilhada** – Simenon
456(16).**A velha senhora** – Simenon
457.**Sartre** – Annie Cohen-Solal
458.**Discurso do método** – René Descartes
459.**Garfield em grande forma (1)** – Jim Davis
460.**Garfield está de dieta** (2) – Jim Davis
461.**O livro das feras** – Patricia Highsmith
462.**Viajante solitário** – Jack Kerouac
463.**Auto da barca do inferno** – Gil Vicente
464.**O livro vermelho dos pensamentos de Millôr** – Millôr Fernandes
465.**O livro dos abraços** – Eduardo Galeano
466.**Voltaremos!** – José Antonio Pinheiro Machado
467.**Rango** – Edgar Vasques
468(8).**Dieta mediterrânea** – Dr. Fernando Lucchese e José Antonio Pinheiro Machado
469.**Radicci 5** – Iotti
470.**Pequenos pássaros** – Anaïs Nin
471.**Guia prático do Português correto – vol.3** – Cláudio Moreno
472.**Atire no pianista** – David Goodis
473.**Antologia Poética** – García Lorca
474.**Alexandre e César** – Plutarco
475.**Uma espiã na casa do amor** – Anaïs Nin
476.**A gorda do Tiki Bar** – Dalton Trevisan
477.**Garfield um gato de peso (3)** – Jim Davis
478.**Canibais** – David Coimbra
479.**A arte de escrever** – Arthur Schopenhauer
480.**Pinóquio** – Carlo Collodi
481.**Misto-quente** – Charles Bukowski
482.**A lua na sarjeta** – David Goodis
483.**O melhor do Recruta Zero (1)** – Mort Walker
484.**Aline: TPM – tensão pré-monstrual (2)** – Adão Iturrusgarai
485.**Sermões do Padre Antonio Vieira**
486.**Garfield numa boa (4)** – Jim Davis
487.**Mensagem** – Fernando Pessoa
488.**Vendeta** *seguido de* **A paz conjugal** – Balzac
489.**Poemas de Alberto Caeiro** – Fernando Pessoa

490.**Ferragus** – Honoré de Balzac
491.**A duquesa de Langeais** – Honoré de Balzac
492.**A menina dos olhos de ouro** – Honoré de Balzac
493.**O lírio do vale** – Honoré de Balzac
494(17).**A barcaça da morte** – Simenon
495(18).**As testemunhas rebeldes** – Simenon
496(19).**Um engano de Maigret** – Simenon
497(1).**A noite das bruxas** – Agatha Christie
498(2).**Um passe de mágica** – Agatha Christie
499(3).**Nêmesis** – Agatha Christie
500.**Esboço para uma teoria das emoções** – Sartre
501.**Renda básica de cidadania** – Eduardo Suplicy
502(1).**Pílulas para viver melhor** – Dr. Lucchese
503(2).**Pílulas para prolongar a juventude** – Dr. Lucchese
504(3).**Desembarcando o diabetes** – Dr. Lucchese
505(4).**Desembarcando o sedentarismo** – Dr. Fernando Lucchese e Cláudio Castro
506(5).**Desembarcando a hipertensão** – Dr. Lucchese
507(6).**Desembarcando o colesterol** – Dr. Fernando Lucchese e Fernanda Lucchese
508.**Estudos de mulher** – Balzac
509.**O terceiro tira** – Flann O'Brien
510.**100 receitas de aves e ovos** – J. A. P. Machado
511.**Garfield em toneladas de diversão** (5) – Jim Davis
512.**Trem-bala** – Martha Medeiros
513.**Os cães ladram** – Truman Capote
514.**O Kama Sutra de Vatsyayana**
515.**O crime do Padre Amaro** – Eça de Queiroz
516.**Odes de Ricardo Reis** – Fernando Pessoa
517.**O inverno da nossa desesperança** – Steinbeck
518.**Piratas do Tietê (1)** – Laerte
519.**Rê Bordosa: do começo ao fim** – Angeli
520.**O Harlem é escuro** – Chester Himes
521.**Café-da-manhã dos campeões** – Kurt Vonnegut
522.**Eugénie Grandet** – Balzac
523.**O último magnata** – F. Scott Fitzgerald
524.**Carol** – Patricia Highsmith
525.**100 receitas de patisseria** – Sílvio Lancellotti
526.**O fator humano** – Graham Greene
527.**Tristessa** – Jack Kerouac
528.**O diamante do tamanho do Ritz** – S. Fitzgerald
529.**As melhores histórias de Sherlock Holmes** – Arthur Conan Doyle
530.**Cartas a um jovem poeta** – Rilke
531(20).**Memórias de Maigret** – Simenon
532(4).**O misterioso sr. Quin** – Agatha Christie
533.**Os analectos** – Confúcio
534(21).**Maigret e os homens de bem** – Simenon
535(22).**O medo de Maigret** – Simenon
536.**Ascensão e queda de César Birotteau** – Balzac
537.**Sexta-feira negra** – David Goodis
538.**Ora bolas – O humor de Mario Quintana** – Juarez Fonseca
539.**Longe daqui aqui mesmo** – Antonio Bivar
540(5).**É fácil matar** – Agatha Christie
541.**O pai Goriot** – Balzac
542.**Brasil, um país do futuro** – Stefan Zweig
543.**O processo** – Kafka
544.**O melhor de Hagar 4** – Dik Browne
545(6).**Por que não pediram a Evans?** – Agatha Christie
546.**Fanny Hill** – John Cleland
547.**O gato por dentro** – William S. Burroughs
548.**Sobre a brevidade da vida** – Sêneca
549.**Geraldão (1)** – Glauco
550.**Piratas do Tietê (2)** – Laerte
551.**Pagando o pato** – Ciça
552.**Garfield de bom humor (6)** – Jim Davis
553.**Conhece o Mário?** vol.1 – Santiago
554.**Radicci 6** – Iotti
555.**Os subterrâneos** – Jack Kerouac
556(1).**Balzac** – François Taillandier
557(2).**Modigliani** – Christian Parisot
558(3).**Kafka** – Gérard-Georges Lemaire
559(4).**Júlio César** – Joël Schmidt
560.**Receitas da família** – J. A. Pinheiro Machado
561.**Boas maneiras à mesa** – Celia Ribeiro
562(9).**Filhos sadios, pais felizes** – R. Pagnoncelli
563(10).**Fatos & mitos** – Dr. Fernando Lucchese
564.**Ménage à trois** – Paula Taitelbaum
565.**Mulheres!** – David Coimbra
566.**Poemas de Álvaro de Campos** – Fernando Pessoa
567.**Medo e outras histórias** – Stefan Zweig
568.**Snoopy e sua turma (1)** – Schulz
569.**Piadas para sempre (1)** – Visconde da Casa Verde
570.**O alvo móvel** – Ross Macdonald
571.**O melhor do Recruta Zero (2)** – Mort Walker
572.**Um sonho americano** – Norman Mailer
573.**Os broncos também amam** – Angeli
574.**Crônica de um amor louco** – Bukowski
575(5).**Freud** – René Major e Chantal Talagrand
576(6).**Picasso** – Gilles Plazy
577(7).**Gandhi** – Christine Jordis
578.**A tumba** – H. P. Lovecraft
579.**O príncipe e o mendigo** – Mark Twain
580.**Garfield, um charme de gato (7)** – Jim Davis
581.**Ilusões perdidas** – Balzac
582.**Esplendores e misérias das cortesãs** – Balzac
583.**Walter Ego** – Angeli
584.**Striptiras (1)** – Laerte
585.**Fagundes: um puxa-saco de mão cheia** – Laerte
586.**Depois do último trem** – Josué Guimarães
587.**Ricardo III** – Shakespeare
588.**Dona Anja** – Josué Guimarães
589.**24 horas na vida de uma mulher** – Stefan Zweig
590.**O terceiro homem** – Graham Greene
591.**Mulher no escuro** – Dashiell Hammett
592.**No que acredito** – Bertrand Russell
593.**Odisséia (1): Telemaquia** – Homero
594.**O cavalo cego** – Josué Guimarães
595.**Henrique V** – Shakespeare
596.**Fabulário geral do delírio cotidiano** – Bukowski
597.**Tiros na noite 1: A mulher do bandido** – Dashiell Hammett
598.**Snoopy em Feliz Dia dos Namorados! (2)** – Schulz
599.**Mas não se matam cavalos?** – Horace McCoy
600.**Crime e castigo** – Dostoiévski
601(7).**Mistério no Caribe** – Agatha Christie
602.**Odisséia (2): Regresso** – Homero
603.**Piadas para sempre (2)** – Visconde da Casa Verde
604.**À sombra do vulcão** – Malcolm Lowry
605(8).**Kerouac** – Yves Buin
606.**E agora são cinzas** – Angeli
607.**As mil e uma noites** – Paulo Caruso
608.**Um assassino entre nós** – Ruth Rendell
609.**Crack-up** – F. Scott Fitzgerald

610.**Do amor** – Stendhal
611.**Cartas do Yage** – William Burroughs e Allen Ginsberg
612.**Striptiras (2)** – Laerte
613.**Henry & June** – Anaïs Nin
614.**A piscina mortal** – Ross Macdonald
615.**Geraldão (2)** – Glauco
616.**Tempo de delicadeza** – A. R. de Sant'Anna
617.**Tiros na noite 2: Medo de tiro** – Dashiell Hammett
618.**Snoopy em Assim é a vida, Charlie Brown! (3)** – Schulz
619.**1954 – Um tiro no coração** – Hélio Silva
620.**Sobre a inspiração poética (Íon)** e ... – Platão
621.**Garfield e seus amigos (8)** – Jim Davis
622.**Odisséia (3): Ítaca** – Homero
623.**A louca matança** – Chester Himes
624.**Factótum** – Charles Bukowski
625.**Guerra e Paz: volume 1** – Tolstói
626.**Guerra e Paz: volume 2** – Tolstói
627.**Guerra e Paz: volume 3** – Tolstói
628.**Guerra e Paz: volume 4** – Tolstói
629(9).**Shakespeare** – Claude Mourthé
630.**Bem está o que bem acaba** – Shakespeare
631.**O contrato social** – Rousseau
632.**Geração Beat** – Jack Kerouac
633.**Snoopy: É Natal! (4)** – Charles Schulz
634(8).**Testemunha da acusação** – Agatha Christie
635.**Um elefante no caos** – Millôr Fernandes
636.**Guia de leitura (100 autores que você precisa ler)** – Organização de Léa Masina
637.**Pistoleiros também mandam flores** – David Coimbra
638.**O prazer das palavras** – vol. 1 – Cláudio Moreno
639.**O prazer das palavras** – vol. 2 – Cláudio Moreno
640.**Novíssimo testamento: com Deus e o diabo, a dupla da criação** – Iotti
641.**Literatura Brasileira: modos de usar** – Luís Augusto Fischer
642.**Dicionário de Porto-Alegrês** – Luís A. Fischer
643.**Clô Dias & Noites** – Sérgio Jockymann
644.**Memorial de Isla Negra** – Pablo Neruda
645.**Um homem extraordinário e outras histórias** – Tchékhov
646.**Ana sem terra** – Alcy Cheuiche
647.**Adultérios** – Woody Allen
648.**Para sempre ou nunca mais** – R. Chandler
649.**Nosso homem em Havana** – Graham Greene
650.**Dicionário Caldas Aulete de Bolso**
651.**Snoopy: Posso fazer uma pergunta, professora? (5)** – Charles Schulz
652(10).**Luís XVI** – Bernard Vincent
653.**O mercador de Veneza** – Shakespeare
654.**Cancioneiro** – Fernando Pessoa
655.**Non-Stop** – Martha Medeiros
656.**Carpinteiros, levantem bem alto a cumeeira & Seymour, uma apresentação** – J.D.Salinger
657.**Ensaios céticos** – Bertrand Russell
658.**O melhor de Hagar 5** – Dik e Chris Browne
659.**Primeiro amor** – Ivan Turguêniev
660.**A trégua** – Mario Benedetti
661.**Um parque de diversões da cabeça** – Lawrence Ferlinghetti
662.**Aprendendo a viver** – Sêneca
663.**Garfield, um gato em apuros (9)** – Jim Davis
664.**Dilbert 1** – Scott Adams
665.**Dicionário de dificuldades** – Domingos Paschoal Cegalla
666.**A imaginação** – Jean-Paul Sartre
667.**O ladrão e os cães** – Naguib Mahfuz
668.**Gramática do português contemporâneo** – Celso Cunha
669.**A volta do parafuso** *seguido de* **Daisy Miller** – Henry James
670.**Notas do subsolo** – Dostoiévski
671.**Abobrinhas da Brasilônia** – Glauco
672.**Geraldão (3)** – Glauco
673.**Piadas para sempre (3)** – Visconde da Casa Verde
674.**Duas viagens ao Brasil** – Hans Staden
675.**Bandeira de bolso** – Manuel Bandeira
676.**A arte da guerra** – Maquiavel
677.**Além do bem e do mal** – Nietzsche
678.**O coronel Chabert** *seguido de* **A mulher abandonada** – Balzac
679.**O sorriso de marfim** – Ross Macdonald
680.**100 receitas de pescados** – Sílvio Lancellotti
681.**O juiz e seu carrasco** – Friedrich Dürrenmatt
682.**Noites brancas** – Dostoiévski
683.**Quadras ao gosto popular** – Fernando Pessoa
684.**Romanceiro da Inconfidência** – Cecília Meireles
685.**Kaos** – Millôr Fernandes
686.**A pele de onagro** – Balzac
687.**As ligações perigosas** – Choderlos de Laclos
688.**Dicionário de matemática** – Luiz Fernandes Cardoso
689.**Os Lusíadas** – Luís Vaz de Camões
690(11).**Átila** – Éric Deschodt
691.**Um jeito tranqüilo de matar** – Chester Himes
692.**A felicidade conjugal** *seguido de* **O diabo** – Tolstói
693.**Viagem de um naturalista ao redor do mundo** – vol. 1 – Charles Darwin
694.**Viagem de um naturalista ao redor do mundo** – vol. 2 – Charles Darwin
695.**Memórias da casa dos mortos** – Dostoiévski
696.**A Celestina** – Fernando de Rojas
697.**Snoopy: Como você é azarado, Charlie Brown! (6)** – Charles Schulz
698.**Dez (quase) amores** – Claudia Tajes
699(9).**Poirot sempre espera** – Agatha Christie
700.**Cecília de bolso** – Cecília Meireles
701.**Apologia de Sócrates** *precedido de* **Êutifron** e *seguido de* **Críton** – Platão
702.**Wood & Stock** – Angeli
703.**Striptiras (3)** – Laerte
704.**Discurso sobre a origem e os fundamentos da desigualdade entre os homens** – Rousseau
705.**Os duelistas** – Joseph Conrad
706.**Dilbert (2)** – Scott Adams
707.**Viver e escrever** (vol. 1) – Edla van Steen
708.**Viver e escrever** (vol. 2) – Edla van Steen
709.**Viver e escrever** (vol. 3) – Edla van Steen
710(10).**A teia da aranha** – Agatha Christie
711.**O banquete** – Platão
712.**Os belos e malditos** – F. Scott Fitzgerald
713.**Libelo contra a arte moderna** – Salvador Dalí

714.**Akropolis** – Valerio Massimo Manfredi
715.**Devoradores de mortos** – Michael Crichton
716.**Sob o sol da Toscana** – Frances Mayes
717.**Batom na cueca** – Nani
718.**Vida dura** – Claudia Tajes
719.**Carne trêmula** – Ruth Rendell
720.**Cris, a fera** – David Coimbra
721.**O anticristo** – Nietzsche
722.**Como um romance** – Daniel Pennac
723.**Emboscada no Forte Bragg** – Tom Wolfe
724.**Assédio sexual** – Michael Crichton
725.**O espírito do Zen** – Alan W.Watts
726.**Um bonde chamado desejo** – Tennessee Williams
727.**Como gostais** – Shakespeare
728.**Tratado sobre a tolerância** – Voltaire
729.**Snoopy: Doces ou travessuras? (7)** – Charles Schulz
730.**Cardápios do Anonymus Gourmet** – J.A. Pinheiro Machado
731.**100 receitas com lata** – J.A. Pinheiro Machado
732.**Conhece o Mário?** vol.2 – Santiago
733.**Dilbert (3)** – Scott Adams
734.**História de um louco amor** *seguido de* **Passado amor** – Horacio Quiroga
735(11).**Sexo: muito prazer** – Laura Meyer da Silva
736(12).**Para entender o adolescente** – Dr. Ronald Pagnoncelli
737(13).**Desembarcando a tristeza** – Dr. Fernando Lucchese
738.**Poirot e o mistério da arca espanhola & outras histórias** – Agatha Christie
739.**A última legião** – Valerio Massimo Manfredi
740.**As virgens suicidas** – Jeffrey Eugenides
741.**Sol nascente** – Michael Crichton
742.**Duzentos ladrões** – Dalton Trevisan
743.**Os devaneios do caminhante solitário** – Rousseau
744.**Garfield, o rei da preguiça (10)** – Jim Davis
745.**Os magnatas** – Charles R. Morris
746.**Pulp** – Charles Bukowski
747.**Enquanto agonizo** – William Faulkner
748.**Aline: viciada em sexo (3)** – Adão Iturrusgarai
749.**A dama do cachorrinho** – Anton Tchékhov
750.**Tito Andrônico** – Shakespeare
751.**Antologia poética** – Anna Akhmátova
752.**O melhor de Hagar 6** – Dik e Chris Browne
753(12).**Michelangelo** – Nadine Sautel
754.**Dilbert (4)** – Scott Adams
755.**O jardim das cerejeiras** *seguido de* **Tio Vânia** – Tchékhov
756.**Geração Beat** – Claudio Willer
757.**Santos Dumont** – Alcy Cheuiche
758.**Budismo** – Claude B. Levenson
759.**Cleópatra** – Christian-Georges Schwentzel
760. **Revolução Francesa** – Frédéric Bluche, Stéphane Rials e Jean Tulard
761.**A crise de 1929** – Bernard Gazier
762.**Sigmund Freud** – Edson Sousa e Paulo Endo
763.**Império Romano** – Patrick Le Roux
764.**Cruzadas** – Cécile Morrisson
765.**O mistério do Trem Azul** – Agatha Christie
766.**Os escrúpulos de Maigret** – Simenon
767.**Maigret se diverte** – Simenon
768.**Senso comum** – Thomas Paine
769.**O parque dos dinossauros** – Michael Crichton
770.**Trilogia da paixão** – Goethe
771.**A simples arte de matar** (vol.1) – R. Chandler
772.**A simples arte de matar** (vol.2) – R. Chandler
773.**Snoopy: No mundo da lua! (8)** – Charles Schulz
774.**Os Quatro Grandes** – Agatha Christie
775.**Um brinde de cianureto** – Agatha Christie
776.**Súplicas atendidas** – Truman Capote
777.**Ainda restam aveleiras** – Simenon
778.**Maigret e o ladrão preguiçoso** – Simenon
779.**A viúva imortal** – Millôr Fernandes

IMPRESSÃO:

GRÁFICA EDITORA
Pallotti
IMAGEM DE QUALIDADE

*Santa Maria - RS - Fone/Fax: (55) 3220.4500*
***www.pallotti.com.br***